も　く　じ

JN111973

本書の特色と使い方

　本書は，会計ソフト「勘定奉行」を利用した実習をとおして，会計ソフトウェアの効果的な活用方法を学べるように編集しました。

本書で使用するデータについて

　本書では，学習用データを使用します。学習用データ（勘定奉行用バックアップファイル）は，弊社WEBサイト（https://www.jikkyo.co.jp/）の「会計ソフトの活用　実習テキスト（OBC 勘定奉行)」のページよりダウンロードしてご利用いただけます。

＜バックアップファイルの内容（データ領域)＞

会社コード	会計期首	決算期	会社名
1000000001	令和4年1月1日	1	第3章_例題1_ABC商事株式会社
1000000002	令和4年1月1日	1	第4章_例題2_ABC商事株式会社
1000000003	令和5年1月1日	1〜2	第5章_例題3_ABC商事株式会社
1000000004	令和5年1月1日	1〜2	第6章_例題4_ABC商事株式会社
1000000005	令和6年1月1日	1〜3	第8章_演習問題_ABC商事株式会社
9000000001	令和4年1月1日	1	第3章_例題1_解答_ABC商事株式会社
9000000002	令和4年1月1日	1	第4章_例題2_解答_ABC商事株式会社
9000000003	令和5年1月1日	1〜2	第5章_例題3_解答_ABC商事株式会社
9000000004	令和5年1月1日	1〜2	第6〜7章_例題4_解答_ABC商事株式会社
9000000005	令和6年1月1日	1〜3	第8〜9章_演習問題_解答_ABC商事株式会社
9000000006	令和6年1月1日	3	第9章_販売のつど売上原価勘定に振り替える方法

入門編

第1章　会計ソフトウェア入門

1　会計ソフトウェアの実務と簿記の学習について

　近年のコンピュータの急速な発達と普及にともなって，実務では会計ソフトウェアを利用して会計帳簿を作成する企業が増えてきました。会計ソフトウェアの利用によって，単純な計算ミスや改ざんのリスクが減少し，紙の帳簿では記録・集計しきれないような膨大な取引データを処理することも可能となりました。

　近年の会計ソフトウェアはさらに進化を続けています。会計ソフトウェアの機能は拡張・発達し，業務の効率化が進んでいます。

　現在，企業で利用されている一般的な会計ソフトウェアは，複式簿記の原理を基礎としてプログラムされています。会計帳簿は作成後も，簿記の知識を使って，さまざまな角度から分析・検証をしなければなりません。そういった意味でもコンピュータの自動処理だけでは限界があります。正しい会計処理をしたり，企業経営にとって有用な会計情報を作成するためにも，簿記の知識を習得することは大切です。

　会計ソフトウェアの基本操作から応用的な活用方法まで，本書をとおして学び，簿記の知識をより深めていきましょう。

2　会計ソフトウェアの処理の流れ

　会計ソフトウェアでは，取引の内容と証ひょうをもとに，仕訳データを入力します。紙の帳簿では，仕訳帳（仕訳伝票）から勘定元帳や試算表への転記の作業が必要ですが，会計ソフトウェアを使用すれば，転記は自動で処理されます。

　また，仕訳データを入力するさいには，借方と貸方の金額が一致していないなどの不備があると，仕訳データが登録できないようになっていて，単純ミスを事前に防ぐことができます。

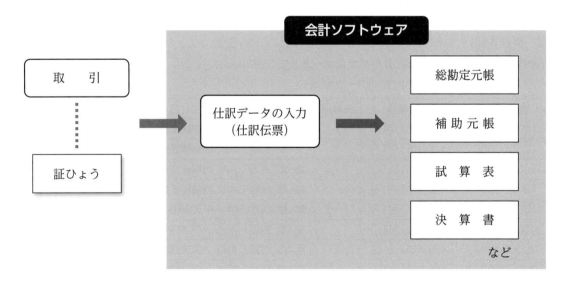

（会計ソフトによる業務の効率化）

　手作業による会計業務では，帳簿・伝票への記入や，帳簿から帳簿への転記，また記入や転記に誤りがないかの照合など，多くの作業が必要となります。

一方で，会計ソフトを利用した場合，仕訳データを入力すると，各帳簿から決算書まで自動で計算・集計・作成されます。

　また，簿記の学習では，決算処理で収益と費用の各勘定を損益勘定に振り替える仕訳を行いますが，勘定奉行ではその必要はありません。

【手作業による業務の流れ】	【会計ソフトによる業務の流れ】

【手作業による業務の流れ】

取　引
↓
記入　　記入
↓　　　↓
仕訳帳　　補助簿
　　　　・補助記入帳
　　　　・補助元帳
↓
転記
↓
総勘定元帳 ← 照合
↓
振替　　集計
↓　　　↓
損益勘定　　試算表
↓
繰越利益剰余金勘定
↓
作成
↓
貸借対照表
損益計算書

【会計ソフトによる業務の流れ】

取　引
↓
入力
↓
勘定奉行
仕訳処理
（仕訳データ）
↓
出力
↓　　　　　↓
会計帳票　　分析帳票
・元帳　　　・推移表
・試算表　　・対比表
・内訳表　　・グラフ
↓
出力
↓
貸借対照表
損益計算書

3 月次の業務と決算の業務

会計ソフトウェアを利用した会計業務には，月次の業務と決算の業務があります。

① 月次の業務

月次の処理では，日々の取引について，仕訳伝票を入力します。

月ごとの伝票入力が終わると，内容の確認を行い，誤りがあれば修正します。

内容の確認・修正が終わったら，月次の合計残高試算表を出力します。

② 決算の業務

会計期末になると，決算の業務を行います。決算の業務では，商品の実地棚卸など決算整理事項の必要な情報をもとに，決算整理仕訳を入力したあと，決算書の作成・出力を行います。

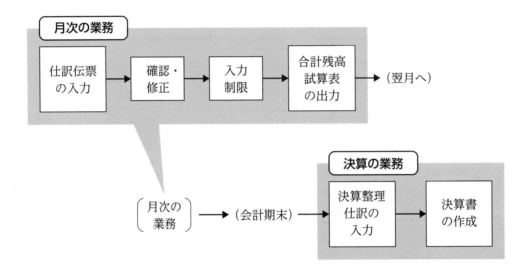

4 帳簿と集計表

1 帳簿

① 仕訳帳（仕訳伝票リスト）

勘定奉行では，仕訳は主に伝票形式で入力します。仕訳帳（仕訳伝票リスト）では，登録した仕訳データを日付順に一覧表示します。

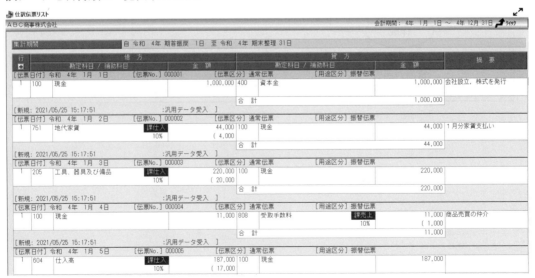

② 元帳

勘定科目ごとの増加と減少が日付順に表示されます。

伝票日付 伝票No.	(相手マスター) 勘定科目 摘要	(相手マスター)	借方	貸方	残高
繰越金額					0
04/01/01 000001	400 資本金	会社設立，株式を発行	1,000,000		1,000,000
04/01/02 000002	751 地代家賃	1月分家賃支払い		40,000	960,000
04/01/02 000002	182 仮払消費税	1月分家賃支払い		4,000	956,000
04/01/03 000003	205 工具，器具及び備品			200,000	756,000
04/01/03 000003	182 仮払消費税			20,000	736,000
04/01/04 000004	808 受取手数料	商品売買の仲介		10,000	746,000
04/01/04 000004	330 仮受消費税	商品売買の仲介		1,000	747,000
04/01/05 000005	604 仕入高			170,000	577,000

ＡＢＣ商事株式会社　会計期間：4年 1月 1日 〜 4年 12月 31日
集計期間 自 令和 4年 1月 1日 至 令和 4年 12月 31日　税処理 税抜
勘定科目 100 現金

③ 補助元帳

　勘定奉行では，勘定科目の内訳として，補助科目を設定できます。たとえば，預金勘定の補助科目として取引銀行別に設定したり，売掛金や買掛金の補助科目として取引先の企業別に設定することができます。

ＡＢＣ商事株式会社　会計期間：5年 1月 1日 〜 5年 12月 31日　税処理 税抜
集計期間 自 令和 5年 期首振戻 1日 至 令和 5年 期末整理 31日
勘定科目／補助科目 110 当座預金　001 ちよだ銀行

伝票日付 伝票No.	(相手マスター) 勘定科目／補助科目 摘要	(相手マスター)	借方	貸方	残高
繰越金額					838,000
	期首振戻計		0	0	
	前月繰越				838,000
05/01/04 000001	751 地代家賃	1月分家賃支払い		40,000	798,000
05/01/04 000001	182 仮払消費税	1月分家賃支払い		4,000	794,000
05/01/11 000006	111 普通預金 預替	ちよだ銀行	1,100,000		1,894,000
05/01/12 000007	604 仕入高			700,000	1,194,000
05/01/12 000007	182 仮払消費税			70,000	1,124,000
05/01/13 000008	110 当座預金	足立銀行		50,000	1,074,000

④ 現金出納帳

現金出納帳は，現金の入金・出金の取引に関する明細を記録する帳簿です。

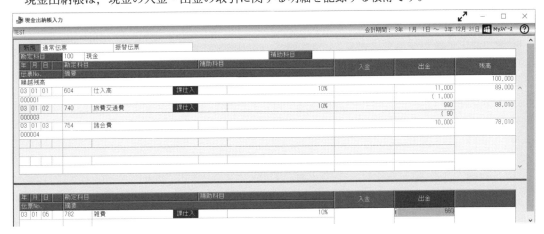

第1章　会計ソフトウェア入門　5

2 集計表

① 日計表

伝票の借方・貸方の発生金額と残高を、勘定科目ごとに出力します。

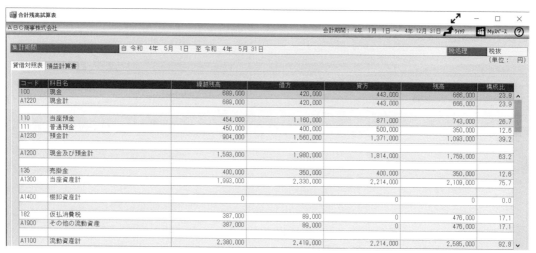

② 合計残高試算表

合計残高試算表は，各勘定口座の借方・貸方の合計額と残高を集計して表示します。試算表にはすべての勘定の残高が集計されるので，企業の財政状態と経営成績のあらましを知ることができます。

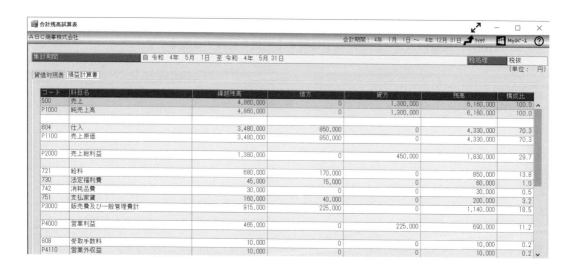

③ 内訳表

「科目別内訳表」では，指定した勘定科目の金額の推移をみることができます。金額は，日別（指定した日付範囲の推移）と，月別（月単位での推移）のいずれかを選択できます。

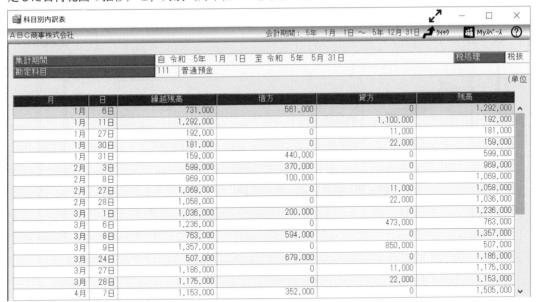

また，「補助科目内訳表」では，指定した勘定科目の補助科目ごとに集計された金額が表示されます。

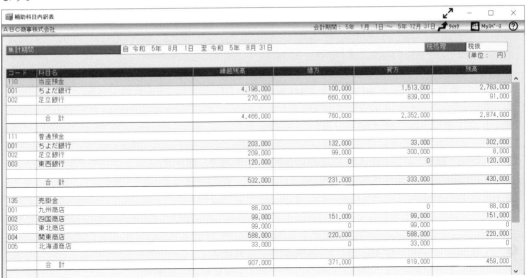

1 基本取引の流れ（仕入業務と販売業務）

会社の基本取引の流れと，取引で扱われる証ひょうを図で示すと次のようになります。

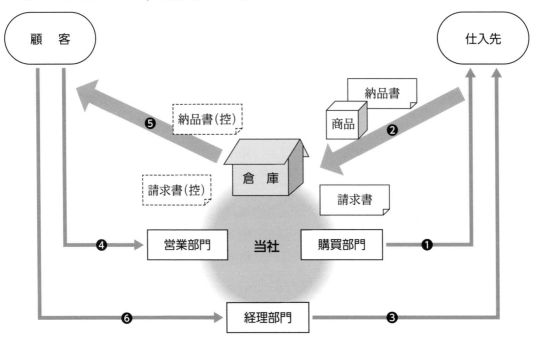

	業務内容	相手先	当社部門	主な証ひょう等
❶	発注	仕入先	購買部門	発注書 ※仕入先へ渡す
❷	納品・検収	仕入先	購買部門	納品書，請求書 ※仕入先より受け取り
❸	代金支払い	仕入先	経理部門	領収書 ※仕入先より受け取り
❹	受注	顧　客	営業部門	発注書 ※顧客より受け取り
❺	販売・発送	顧　客	営業部門	納品書（控），請求書（控） ※原本を顧客へ渡す／控えを当社で保管
❻	代金受け取り	顧　客	経理部門	領収書（控） ※原本を顧客へ渡す／控えを当社で保管

2　基幹業務システム

　基幹業務には，販売管理，仕入管理，給与計算，財務会計などがあります。

　企業では一般的に，それらの業務を営業部門，購買部門，人事部門，経理部門などで分担しています。

　現代の企業では，それぞれの基幹業務をコンピュータで管理しているのが一般的になっています。

　営業部門，購買部門，人事部門など各部門の業務システムで処理された取引データのうち，決算書作成に必要なデータについては，財務会計システムに入力されます。たとえば，販売管理システムからの顧客別売掛金データは，財務会計システムをとおして，貸借対照表科目の売掛金の金額に集約され，出力されます。そのほかにも，売上データ，仕入先別買掛金データ，給与支払いデータ，在庫データなど，それぞれの部門にある業務システムのデータのなかから，決算書作成に必要なデータを抽出して，財務会計システムに入力されます。財務会計システムは複式簿記の原理によってプログラムされており，財務会計システム内で処理された会計帳簿データから，決算書（貸借対照表・損益計算書など）が出力されます。

　基幹業務システムでは，各部門のデータを連携させることで，企業のさまざまな業務を一元的に管理できるようになっています。

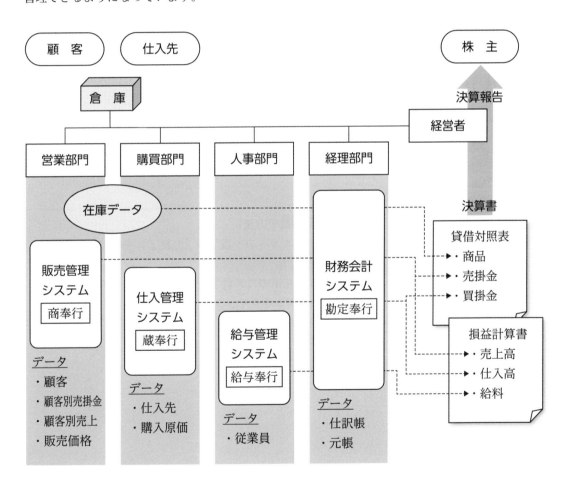

第2章 勘定奉行の操作について

1 勘定奉行の起動と終了

1 勘定奉行の起動方法

Windows のスタートボタンから，［奉行シリーズ］＞［勘定奉行 i11］をクリックすると，勘定奉行が起動して最初のメインメニュー画面になります。

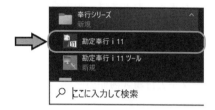

※最初に起動したときは「データ領域が存在しません。新規に作成しますか？」と聞かれるので，［キャンセル］をクリックしてください。

2 メインメニュー

メインメニューは 11 の項目に分かれています。

本書で使用する主なメニュー項目は次のとおりです。

「仕訳処理」…仕訳データを登録します。また，入力した仕訳を確認します。

「会計帳票」…元帳や試算表などを確認・出力します。

「分析帳票」…グラフによる分析などを行います。

「決算処理」…決算報告書を出力します。

（勘定奉行の終了方法）

　メインメニューの一番下の［0.終了］をクリックすると終了します。

　または，左下の［×終了］ボタンか，右上のウインドウの閉じるボタンをクリックして終了します。

2 データファイルの管理

1 会計データの復元

① 勘定奉行を起動すると，最初に「データ領域が存在しません。新規に作成しますか？」と聞かれるので，ここでは，［キャンセル］をクリックします。

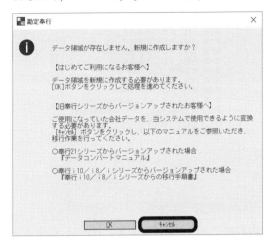

② メインメニュー［データ領域管理］＞［2.バックアップ／復元］＞［2.バックアップ復元］をクリックします。

③ バックアップモードは「DB依存モード」，復元メディアは「ハードディスク」，復元元フォルダはダウンロードしたバックアップファイルの保存先のフォルダを指定し，［次へ］をクリックします。

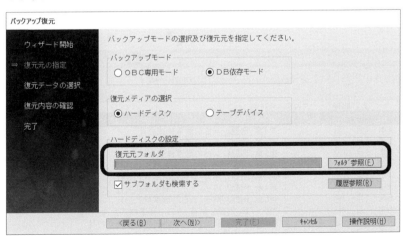

④ 復元対象のデータを選択します。［全選択］をクリックすると会社コード欄にあるチェックボックスにチェックが入ります。

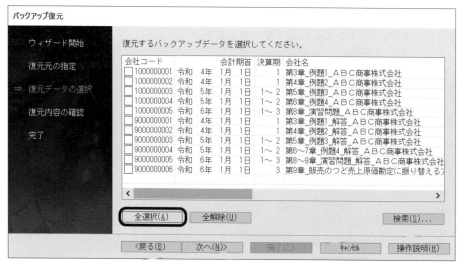

さらに［次へ］をクリックして，つづく設定内容確認画面で最終確認後，［次へ］をクリックします。処理が終わったら［完了］をクリックして終了です。

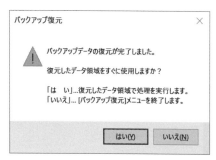

（つづけて会社データの選択を行う場合は，［はい］をクリックします。）

2 会計データの選択

① メインメニュー［データ管理領域］＞［1. データ領域選択］をクリックします。
② 対象の会社データをクリックし，［Enter］キーを押します。
（ここでは，「第3章＿例題1_ABC商事株式会社」を選択します。）

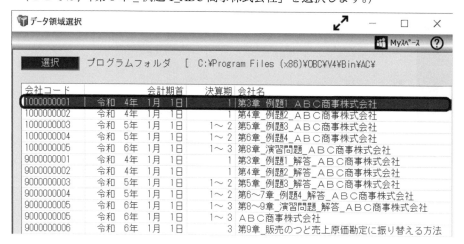

（会計データのバックアップ）

　データ領域（会計データ）のバックアップデータを作成する場合，メインメニュー［随時処理］＞［バックアップ］を選択します。つづいて，バックアップモードや，バックアップデータの作成先を指定して［OK］をクリックします。

※バックアップモードは，「OBC専用モード」と「DB依存モード」の2種類から選択します。ここではどちらの形式を選んでも構いません。なお，本書で使用するダウンロードファイルは「DB依存モード」で作成しています。

（会計データの削除）

　不要になったデータ領域を削除する場合，メインメニュー［データ管理領域］＞［4.データ領域保守］＞［3.データ領域削除］をクリックしたあと，削除対象の会社データをクリックで指定して［Enter］キーを押します。

　つづく確認メッセージで［OK］ボタンをクリックすれば，削除完了です。

　注意　データ領域（会計データ）は，一度削除してしまうと元に戻すことはできませんので，削除を実行する場合は十分ご注意ください。（削除する前にバックアップを実行しておくことを強くお勧めします。）

3　仕訳伝票の入力方法

1　入力方法の種類

　会計データの入力方法は，大きく分けて「仕訳処理（伝票入力）」と「帳簿入力」の二通りがあります。どちらの入力方法を用いても，同じ仕訳形式のデータが作成され，同じ内容の帳票が出力されます。

　実務では，入力作業を主に「伝票入力」で行うか，「帳簿入力」で行うかは，各々の会社の体制や方針によって異なります。

　なお，本書では，仕訳データの入力方法について「3.帳簿入力」は使用せず，「1.仕訳処理」を使用します。

（帳簿入力）

　「帳簿入力」には，「仕訳帳入力」「現金出納帳入力」「預金出納帳入力」「元帳入力」の4種類があります。帳簿入力は連続した入力を行うさいに便利です。

　ただし，仕訳が1行（借方科目・金額と貸方科目・金額がともに1行ずつ）ではなく，複数行（2行以上）にわたる場合は「伝票入力」でのみ入力可能です。（帳簿入力では，1行の仕訳しか入力できません。）

　一方，「仕訳処理」は伝票形式による入力方法で，複数行にわたる仕訳も入力可能です。

2 伝票入力（仕訳処理）

メインメニュー［仕訳処理］＞［1.仕訳処理］をクリックして，仕訳処理（振替伝票）の画面を開きます。

【入力項目】

①伝票日付

　　日付の数値を入力して［Enter］キーを押します。または，日付欄の右端をクリックすると，カレンダーが表示されるので，そこから日付を選んで入力することもできます。

②借方勘定科目

　　勘定科目コードがわかっている場合は，数値3桁で入力して，［Enter］キーを押します。**勘定科目コードが不明な場合は，コード入力欄でスペースキーを押すか，またはコード入力欄の右端にカーソルを合わせて虫眼鏡マークをクリックすると，勘定科目検索画面が出てくるので，そこから科目を選択してダブルクリック（または OK ボタン）で入力します。**

③借方金額

　　金額を入力して［Enter］キーを押します。

④貸方勘定科目

　　借方科目と同様です。

⑤貸方金額

　　借方金額と同様です。

⑥摘要

　　取引内容を記入します。

※摘要欄は必須項目ではなく，空欄のままでも伝票は登録できます。内容が分かるように記入しておくと，あとで検証するときなど伝票を見返す場合に便利です。

※何も入力せずに仕訳入力画面を終了する場合は，［F10 中止］をクリック（→ OK）して，［F12 閉じる］をクリックします。

（キー操作による入力）

　　伝票入力では，キー操作による入力を使うと便利です。

　　各コード入力欄で［＋］キーを押すと，上の行の勘定科目・補助科目・摘要を複写することができます。

　　貸方金額欄で［＋］キーを押すと，借方金額を複写することができます。

　　借方金額欄で［＋］キーを押すと，貸方金額を複写することができます。

　　そのほか，金額欄で［／］キーまたは［，］キーで，金額 000 の入力が可能です。

　　また，貸借差額がある状態で，金額欄で［＊］キーを押すと，貸借差額が入力されます。

4　消費税の処理

1　消費税の会計処理（税抜方式と税込方式）

　消費税は，商品の販売や運送，広告など，ほぼ全ての国内の取引に課税されます。実際に税金を負担するのは消費者ですが，会社が徴収して納付します。会社は期末から2か月以内に確定申告をして，消費税を納付します。

　会社の会計方針である消費税の会計処理には，**税抜経理方式**（税抜方式）と**税込経理方式**（税込方式）があり，会社はどちらの方式で経理処理を行うかを選択することができます。本書では，「税抜経理方式」による場合について説明します。

2　税抜経理方式による処理

　税抜経理方式による場合，課税される売り上げに対する消費税額は「**仮受消費税**」勘定に計上され，売上高は税抜金額で計上されます。また，課税される仕入れに対する消費税額は「**仮払消費税**」勘定に計上され，仕入高は税抜金額で計上されます。

3　勘定奉行の消費税計算

　会計方針として「税抜経理方式」を選択した場合，「仮受消費税」「仮払消費税」を計上することになります。勘定奉行では，設定によって「仮受消費税」「仮払消費税」として計上する金額を自動計算することができます。**本書では，仕訳処理画面で税込金額を入力して，消費税額を自動計算する方法で説明します。**

> 例1.　商品¥11,000（税抜価格¥10,000，消費税額¥1,000）を仕入れ，代金は現金で支払った。

【税抜経理方式による仕訳】

借方科目	借方金額	貸方科目	貸方金額
仕入	10,000	現金	11,000
仮払消費税	1,000		

【税抜経理方式による伝票入力】

　借方金額に税込金額 "11,000" を入力すると，下段に消費税額 "1,000" が自動計算されます。

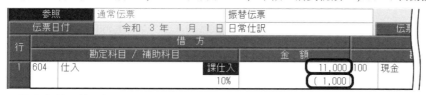

※勘定奉行の仕訳処理の画面上は仮払消費税は表示されませんが，システム内（元帳）では仕入勘定には税抜金額¥10,000，仮払消費税勘定には¥1,000が計上されています。

【仕入勘定元帳】

　仕入勘定には，借方 ¥10,000 が計上されています。

【仮払消費税勘定元帳】

仮払消費税勘定には，借方 ¥1,000 が計上されています。

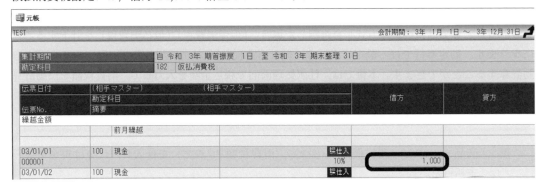

> 例2. 商品 ¥15,400（税抜価格 ¥14,000，消費税額 ¥1,400）を売り渡し，代金は掛け
>   とした。

【税抜経理方式による仕訳】

借方科目	借方金額	貸方科目	貸方金額
売掛金	15,400	売上	14,000
		仮受消費税	1,400

【税抜経理方式による伝票入力】

　貸方金額に税込金額 “15,400” を入力すると，下段に消費税額 “1,400” が自動計算されます。

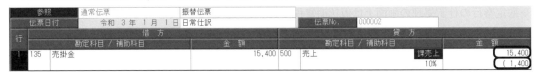

※勘定奉行の仕訳処理の画面上は仮受消費税は表示されませんが，システム内（元帳）では売上勘
　定には税抜金額 ¥14,000，仮受消費税勘定には ¥1,400 が計上されています。

（消費税の設定について）

取引の内容によって，消費税の課税対象になる場合とならない場合があります。

通常の商品売買では，商品を仕入れたときは消費税を仕入先に支払い，商品を売り渡したときは消費税を顧客から受け取ります。そのほか，広告料や運送料などを支払う場合など，企業の行うほとんどの取引が消費税の課税対象となります。

一方で，消費税の課税対象にならない取引もあります。例をあげると次のとおりです。

- ・土地の売買　　　　　　　・有価証券の売買
- ・保険料の支払い　　　　　・利息の受け取り
- ・郵便切手や収入印紙の購入　・給料の支払い

勘定奉行では，消費税の課税対象とするかどうかについては，勘定科目ごとに税区分が設定されています。

たとえば売上勘定では，「0060 課税売上」に設定されています。

売上の仕訳を入力する場合，勘定科目名の右側に区分「課売上」と税率「10%」が表示され，入力した税込金額の下に，自動計算された消費税額が左カッコ"（"付きで表示されます。

また，「仕入」勘定の税区分は「0010 課税売上分課税仕入」に設定されています。そのほか「広告宣伝費」「旅費交通費」など，消費税の課税対象となるほとんどの経費の科目の税区分は「0010 課税売上分課税仕入」に設定されています。

なお，「給料」「保険料」「租税公課」など課税対象とならない経費の税区分は「0000 対象外」に設定されています。（仕訳伝票画面で税区分は表示されません。）

行	借　方		貸　方		
	勘定科目 / 補助科目	金　額		勘定科目 / 補助科目	金　額
1	721　給料	170,000	110	当座預金	145,000
2			346	所得税預り金	10,000
3			347	社会保険料預り金	15,000

第3章　日常取引の処理（第1期1月）

【会計データ（データ領域）の選択】

ここでは例題1のデータ領域を選択します。

① 　メインメニュー［データ領域管理］＞［1. データ領域選択］をクリックします。

② 　次の会社データを選択して［Enter］キーを押すか，ダブルクリックします。

　　　（会社コード）　　　1000000001

　　　（会計期首）　　　　令和4年1月1日

　　　（決算期）　　　　　1

　　　（会社名）　　　　　第3章_例題1_ABC商事株式会社

1　仕訳処理（伝票入力）

メニュー［仕訳処理］＞［1. 仕訳処理］

　それでは，次の例題1の取引について，勘定奉行に仕訳を入力してみましょう。

例題1

　ABC商事株式会社の令和4年度1月中の取引について，

　　（a）仕訳伝票を入力しなさい。

　　（b）合計残高試算表を作成しなさい。

【使用する勘定科目】

勘定科目コード	勘定科目名
100	現金
110	当座預金
111	普通預金
135	売掛金
182	仮払消費税　※
205	備品
305	買掛金
310	借入金
330	仮受消費税　※
346	所得税預り金
347	社会保険料預り金
400	資本金

勘定科目コード	勘定科目名
500	売上
604	仕入
721	給料
742	消耗品費
751	支払家賃
808	受取手数料
830	支払利息

※仮払消費税，仮受消費税は自動計算されるので，入力は不要です。

【令和 4 年度 1 月中の取引内容】

> 1月1日　ABC 商事株式会社は，設立にさいし，株式を発行して全額の引き受け・払い込みを受けた。払込金 ¥1,000,000 は現金で受け取り，全額を資本金として計上した。

【仕訳】

　　　<日　付>　1月1日

借方科目	借方金額	貸方科目	貸方金額	摘　要
現金	1,000,000	資本金	1,000,000	会社設立，株式を発行

（伝票入力画面）

【入力項目】

①伝票日付　　　　　：　令和 4 年 1 月 1 日

②借方勘定科目　　　：　100　現金

③借方金額　　　　　：　1,000,000

④貸方勘定科目　　　：　400　資本金

⑤貸方金額　　　　　：　1,000,000

⑥摘要　　　　　　　：　会社設立，株式を発行

勘定科目コードが不明な場合は，コード入力欄でスペースキーを押すか，コード入力欄の右端にカーソルを合わせて虫眼鏡マークをクリックすると，勘定科目検索画面が出てきます。

（入力後）

⑦［F12 終了］をクリックした後，［F12 登録］をクリックして終了します。

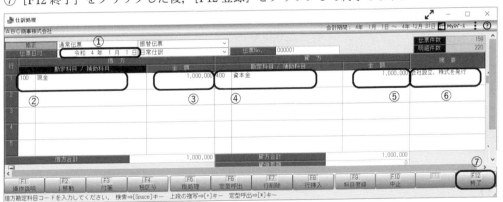

※伝票登録の後，［F4 前伝票］をクリックすると，直前に登録した伝票画面を確認することができます。さらに登録済みの伝票画面で［F9 修正］を押すと，伝票内容を修正することができます。（内容を修正後，［F12 終了］＞［F12 登録］をクリックします。）

1月2日　本月分の家賃 ¥44,000（税込）を現金で支払った。

【仕訳】

　　　＜日　付＞　1月2日

借方科目	借方金額	貸方科目	貸方金額	摘　要
支払家賃	44,000	現金	44,000	1月分家賃支払い
	（4,000			

（伝票入力画面）

借方金額の欄には，消費税込みの金額 "44,000" を入力します。

消費税額（10%）は自動計算され，下段にカッコつきで "4,000" と表示されます。

1月3日　備品 ¥220,000（税込）を購入し，代金は現金で支払った。

> ### 領収書
>
> ABC 商事㈱　様　　　　　　　　　　令和4年1月3日
>
> ＿＿＿＿＿＿＿＿＿＿＿＿＿＿＿＿＿＿＿
> ￥　220,000 −
> ＿＿＿＿＿＿＿＿＿＿＿＿＿＿＿＿＿＿＿
> 但　ノートパソコン代として
>
> 内訳　税抜金額　　　　￥200,000
> 　　　消費税(10%)　　￥20,000　　　　○×電気株式会社

【仕訳】

　　　＜日　付＞　1月3日

借方科目	借方金額	貸方科目	貸方金額	摘　要
備品	220,000	現金	220,000	ノートパソコン購入
	（20,000			

1月4日 商品売買の仲介を行い，手数料 ¥11,000（税込）を現金で受け取った。

```
            領 収 書  控

  東京産業㈱  様                令和4年1月4日


            ¥  11,000 -

        ただし，商品仲介手数料として


  内訳  税抜金額         ¥10,000
       消費税（10%）      ¥1,000        ABC商事株式会社
```

【仕訳】

   ＜日 付＞ 1月4日

借方科目	借方金額	貸方科目	貸方金額	摘　要
現金	11,000	受取手数料	11,000	商品売買の仲介
			(1,000	

1月5日 商品 ¥187,000（税込）を仕入れ，代金は現金で支払った。

```
            領 収 証

  ABC商事㈱  御中                令和4年1月5日

            ¥  187,000 -

          ただし，商品代金として
```

品物	数量	単価	金額
A商品	5,000	20	¥100,000
B商品	1,400	50	¥70,000
消費税（10%）			¥17,000
合計			¥187,000

```
                              名古屋商店
```

【仕訳】

   ＜日 付＞ 1月5日

借方科目	借方金額	貸方科目	貸方金額	摘　要
仕入	187,000	現金	187,000	
	(17,000			

1月6日　商品¥154,000（税込）を売り渡し，代金は掛けとした。

納品書兼請求書（控）

九州商店　御中　　　　　　　　　　　　　　令和4年1月6日

ABC商事株式会社

品物	数量	単価	金額
A商品	4,000	25	¥100,000
B商品	400	100	¥40,000
消費税（10%）			¥14,000
合計			¥154,000

【仕訳】

　　　　＜日　付＞　1月6日

借方科目	借方金額	貸方科目	貸方金額	摘　要
売掛金	154,000	売上	154,000	
			(14,000	

1月7日　事務用の文房具（消耗品）¥11,000（税込）を購入し，代金は現金で支払った。

領収書

ABC商事㈱　様　　　　　　　　令和4年1月7日

　　　　　　¥　11,000 −

　　　但　文房具代として

　　内訳　税抜金額　　　　　¥10,000
　　　　　消費税（10%）　　　¥1,000　　　山川文具店

【仕訳】

　　　　＜日　付＞　1月7日

借方科目	借方金額	貸方科目	貸方金額	摘　要
消耗品費	11,000	現金	11,000	事務用文房具を購入
	(1,000			

1月11日　商品 ¥550,000（税込）を仕入れ，代金は掛けとした。

請　求　書

ABC商事㈱　御中

令和4年1月11日

名古屋商店

品物	数量	単価	金額
A商品	18,500	20	¥370,000
B商品	1,000	50	¥50,000
C商品	800	100	¥80,000
消費税（10％）			¥50,000
合計			¥550,000

【仕訳】

　　　＜日　付＞　1月11日

借方科目	借方金額	貸方科目	貸方金額	摘　　要
仕入	550,000	買掛金	550,000	
	（50,000			

1月12日　商品 ¥385,000（税込）を売り渡し，代金のうち ¥165,000 は現金で受け取り，
　　　　　残額は掛けとした。

納品書（控）

九州商店　御中

令和4年1月12日

ABC商事株式会社

品物	数量	単価	金額
A商品	3,800	25	¥95,000
B商品	1,300	100	¥130,000
C商品	500	250	¥125,000
消費税（10％）			¥35,000
合計			¥385,000

領　収　書（控）

九州商店　御中

令和4年1月12日

¥　165,000 −（税込）

但　商品代金の一部として

ABC商事㈱

【仕訳】

　　　＜日　付＞　1月12日

借方科目	借方金額	貸方科目	貸方金額	摘　　要
現金	165,000	売上	385,000	
			（35,000	
売掛金	220,000			

1月13日　銀行から¥700,000を借り入れ，現金で受け取った。

借用証書

○×銀行 御中

借入金額　金70万円也

借主 ABC株式会社

【仕訳】

＜日　付＞　1月13日

借方科目	借方金額	貸方科目	貸方金額	摘　　要
現金	700,000	借入金	700,000	銀行から借り入れ

1月18日　商品¥220,000（税込）を仕入れ，代金のうち¥120,000は現金で支払い，
　　　　　残額は掛けとした。

納　品　書

ABC商事㈱　御中　　　　　令和4年1月18日

新潟産業

品物	数量	単価	金額
B商品	3,600	50	¥180,000
C商品	200	100	¥20,000
消費税(10%)			¥20,000
合計			¥220,000

領収書

ABC商事㈱　御中

令和4年1月18日

¥　120,000－（税込）

但　商品代金の一部として

新潟産業

【仕訳】

＜日　付＞　1月18日

借方科目	借方金額	貸方科目	貸方金額	摘　　要
仕入	220,000	現金	120,000	
	（20,000）			
		買掛金	100,000	

1月19日　銀行と当座取引契約を結び，現金 ¥700,000 を当座預金に預け入れた。

【仕訳】

　　　＜日　付＞　1月19日

借方科目	借方金額	貸方科目	貸方金額	摘　要
当座預金	700,000	現金	700,000	当座預金に預け入れ

1月20日　本月分の給料 ¥170,000 の支払いにあたり，所得税の源泉徴収額 ¥10,000 と社会保険料の従業員負担分 ¥15,000 を差し引き，残額を当座預金口座から振り込んだ。

【仕訳】

　　　＜日　付＞　1月20日

借方科目	借方金額	貸方科目	貸方金額	摘　要
給料	170,000	当座預金	145,000	1月分給与支払い
		所得税預り金	10,000	
		社会保険料預り金	15,000	

1月21日　商品 ¥638,000（税込）を売り渡し，代金のうち ¥288,000 は普通預金口座に振り込まれ，残額は掛けとした。

納品書（控）

東北商店　御中

令和4年1月21日
ABC商事株式会社

品物	数量	単価	金額
A商品	10,000	25	¥250,000
B商品	3,300	100	¥330,000
消費税（10％）			¥58,000
合計			¥638,000

【仕訳】

　　　＜日　付＞　1月21日

借方科目	借方金額	貸方科目	貸方金額	摘　要
普通預金	288,000	売上	638,000	
			(58,000	
売掛金	350,000			

1月25日　売掛金 ¥374,000 を現金で受け取った。

```
領　収　書（控）

九州商店 御中

                        令和4年1月25日

    ¥    374,000 － （税込）

但　商品代金として

                        ABC 商事㈱
```

【仕訳】

　　　＜日　付＞　1月25日

借方科目	借方金額	貸方科目	貸方金額	摘　要
現金	374,000	売掛金	374,000	

1月31日　借入金 ¥300,000 と利息 ¥1,000 を現金で支払った。

【仕訳】

　　　＜日　付＞　1月31日

借方科目	借方金額	貸方科目	貸方金額	摘　要
借入金	300,000	現金	301,000	借入金の返済
支払利息	1,000			

　令和4年1月の取引について，すべての仕訳を入力したら，仕訳伝票リストを出力して，入力内容に誤りがないか確認してみましょう。

①　メインメニュー［仕訳処理］＞［2. 仕訳伝票リスト］をクリックします。

②　条件設定画面で，集計期間「令和4年1月1日～令和4年1月31日」を選択して［画面］をクリックします。

③　仕訳伝票リストが画面に表示されます。

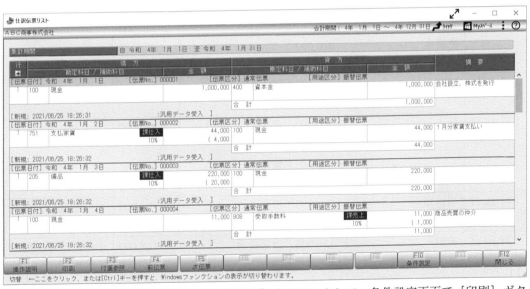

※紙やPDFで出力する場合は，［F10 条件設定］をクリックして，条件設定画面で［印刷］ボタンをクリックします。すると，印刷条件設定画面が表示されるので，そこで紙で印刷する場合は［印刷］ボタン，印刷イメージを確認したい場合は［プレビュー］ボタン，PDFで出力する場合は［PDF］ボタンをクリックします。

【令和4年1月の仕訳一覧】

日付	借方科目	借方金額	貸方科目	貸方金額	摘要
令和4年 1月1日	現金	1,000,000	資本金	1,000,000	会社設立，株式を発行
1月2日	支払家賃	44,000 (4,000	現金	44,000	1月分家賃支払い
1月3日	備品	220,000 (20,000	現金	220,000	ノートパソコン購入
1月4日	現金	11,000	受取手数料	11,000 (1,000	商品売買の仲介
1月5日	仕入	187,000 (17,000	現金	187,000	
1月6日	売掛金	154,000	売上	154,000 (14,000	
1月7日	消耗品費	11,000 (1,000	現金	11,000	事務用文房具を購入
1月11日	仕入	550,000 (50,000	買掛金	550,000	
1月12日	現金 売掛金	165,000 220,000	売上	385,000 (35,000	
1月13日	現金	700,000	借入金	700,000	銀行から借り入れ
1月18日	仕入	220,000 (20,000	現金 買掛金	120,000 100,000	
1月19日	当座預金	700,000	現金	700,000	当座預金に預け入れ
1月20日	給料	170,000	当座預金 所得税預り金 社会保険料預り金	145,000 10,000 15,000	1月分給与支払い
1月21日	普通預金 売掛金	288,000 350,000	売上	638,000 (58,000	
1月25日	現金	374,000	売掛金	374,000	

28

1月31日	借入金	300,000	現金		301,000	借入金の返済
	支払利息	1,000				

（仕訳の修正と削除の方法）

　入力した仕訳に誤りがあった場合は，伝票を修正・削除することができます。

① 　仕訳伝票リストから，修正する仕訳を選択して［Enter］キーを押すか，ダブルクリックします。

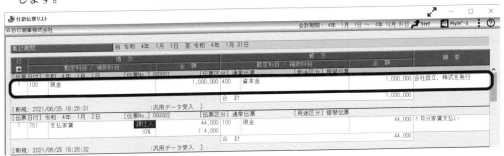

② 　仕訳を修正する場合は［F9修正］をクリックします。（削除する場合は［F7削除］をクリックします。）

③ 　科目・金額などを修正入力したら，［F12終了］＞［F12登録］をクリックします。

3 合計残高試算表

① メインメニュー［会計帳票］＞［3. 合計残高試算表］＞［1. 合計残高試算表］をクリックします。

② 条件設定画面で，集計期間を指定します。

　ここでは［月範囲］ボタンをクリックし，開始・終了ともに［令和4年1月］を指定して［OK］ボタンで閉じます。

③ 条件設定画面に戻ったら，［画面］ボタンをクリックすると，試算表が表示されます。

　なお，左上にあるタブをクリックすることで，「貸借対照表」と「損益計算書」の切り替えができます。

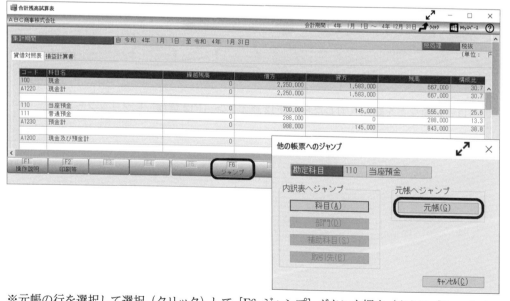

（合計残高試算表から勘定元帳へのジャンプ）

　合計残高試算表の画面で，勘定科目の行を選択（クリック）して［F6 ジャンプ］ボタンを押す（または［Enter］キーを押す／ダブルクリックする）と，選択した勘定科目の元帳画面に移動できます。

※元帳の行を選択して選択（クリック）して［F6 ジャンプ］ボタンを押す（または［Enter］キーを押す／ダブルクリックする）と，仕訳伝票画面に移動できます。(→ p.57, p.81 参照)

【合計残高試算表】

合 計 残 高 試 算 表

自 令和 4年 1月 1日 至 令和 4年 1月 31日

ＡＢＣ商事株式会社

【税抜】
(単位：円)

コード	科目名	繰越残高	借方	貸方	残高
100	現金	0	2,250,000	1,583,000	667,000
110	当座預金	0	700,000	145,000	555,000
111	普通預金	0	288,000	0	288,000
135	売掛金	0	724,000	374,000	350,000
182	仮払消費税	0	112,000	0	112,000
	流動資産計	0	4,074,000	2,102,000	1,972,000
205	備品	0	200,000	0	200,000
	固定資産計	0	200,000	0	200,000
	資産合計	0	4,274,000	2,102,000	2,172,000
305	買掛金	0	0	650,000	650,000
310	借入金	0	300,000	700,000	400,000
330	仮受消費税	0	0	108,000	108,000
346	所得税預り金	0	0	10,000	10,000
347	社会保険料預り金	0	0	15,000	15,000
	流動負債計	0	300,000	1,483,000	1,183,000
	固定負債計	0	0	0	0
	負債合計	0	300,000	1,483,000	1,183,000
	資本金	0	0	1,000,000	1,000,000
	資本準備金	0	0	0	0
	その他資本剰余金	0	0	0	0
	資本剰余金	0	0	0	0
	利益準備金	0	0	0	0
	繰越利益剰余金	0	11,000	0	-11,000
	その他利益剰余金計	0	11,000	0	-11,000
	利益剰余金	0	11,000	0	-11,000
	株主資本計	0	11,000	1,000,000	989,000
	純資産合計	0	11,000	1,000,000	989,000
	負債純資産合計	0	311,000	2,483,000	2,172,000

(注) 合計科目を一部省略して表示しています。

合 計 残 高 試 算 表

自 令和 4年 1月 1日 至 令和 4年 1月 31日

ＡＢＣ商事株式会社

【税抜】
（単位：円）

コード	科目名	繰越残高	借方	貸方	残高
500	売上	0	0	1,070,000	1,070,000
	純売上高	0	0	1,070,000	1,070,000
604	仕入	0	870,000	0	870,000
	売上原価	0	870,000	0	870,000
	売上総利益	0	0	200,000	200,000
721	給料	0	170,000	0	170,000
742	消耗品費	0	10,000	0	10,000
751	支払家賃	0	40,000	0	40,000
	販売費及び一般管理費計	0	220,000	0	220,000
	営業利益	0	20,000	0	-20,000
808	受取手数料	0	0	10,000	10,000
	営業外収益	0	0	10,000	10,000
830	支払利息	0	1,000	0	1,000
	営業外費用	0	1,000	0	1,000
	経常利益	0	11,000	0	-11,000
	特別利益	0	0	0	0
	特別損失	0	0	0	0
	税引前当期純利益	0	11,000	0	-11,000
	法人税等	0	0	0	0
	当期純利益	0	11,000	0	-11,000

（クイック機能）

　試算表画面右上の「クイック」をクリックするだけで，ワンタッチで各種出力を実行することができます。Excel への転送などもスムーズに行うことができます。

第4章　決算整理（第1期12月）

1　仕訳処理（伝票入力）

メインメニュー［仕訳処理］＞［1. 仕訳処理］

つづいて，決算の処理を行います。

ここでは，次の決算整理事項について伝票入力します。

・商品の勘定に関する整理（売上原価の計算）

・貸し倒れの見積もり

・固定資産の減価償却

・納付する消費税額の計上

・法人税，住民税及び事業税額の計上

（決算整理仕訳の入力について）

決算整理仕訳は，日付を12月31日，伝票入力画面の整理区分で「整理仕訳」を選択します。

令和4年12月31日の決算整理前残高試算表と，決算整理事項によって，

(a) 決算整理仕訳を入力しなさい。

(b) 貸借対照表と損益計算書を作成しなさい。

<決算整理前残高試算表（令和4年12月31日）>

コード	勘定科目名	借方残高	貸方残高
100	現金	476,000	
110	当座預金	838,000	
111	普通預金	731,000	
135	売掛金	700,000	
182	仮払消費税	1,109,000	
205	備品	200,000	
305	買掛金		1,310,000
330	仮受消費税		1,347,000
346	所得税預り金		10,000
347	社会保険料預り金		15,000
400	資本金		1,000,000
500	売上		13,460,000
604	仕入	10,380,000	
721	給料	2,040,000	
730	法定福利費	165,000	
742	消耗品費	30,000	
751	支払家賃	480,000	
808	受取手数料		10,000
830	支払利息	3,000	
	合　計	17,152,000	17,152,000

<その他の使用する勘定科目>

コード	勘定科目名
160	繰越商品
191	貸倒引当金
233	備品減価償却累計額
320	未払法人税等
331	未払消費税
614	期末商品棚卸高
710	貸倒引当金繰入
760	減価償却費
930	法人税，住民税及び事業税

a. 期末商品棚卸高　　¥770,000

【仕訳】

<日　付>　12月31日　　整理仕訳※

借方科目	借方金額	貸方科目	貸方金額	摘　要
繰越商品	770,000	期末商品棚卸高	770,000	売上原価の計算

※伝票入力画面の整理区分で「整理区分」を選択しないと「伝票入力期間外の日付です。」とメッセージが表示され，
伝票が入力できないことに注意しましょう。

（売上原価の計算について）

【3分法】

　商品売買取引の会計処理において，実務では3分法がひろく用いられています。3分法では，期中の取引において「仕入」勘定（費用）と「売上」勘定（収益）が用いられます。

　期末に実地棚卸しによって把握した商品在庫は「繰越商品」勘定（資産）として計上されます。

　なお，売上原価の金額は仕入勘定で計算されます。

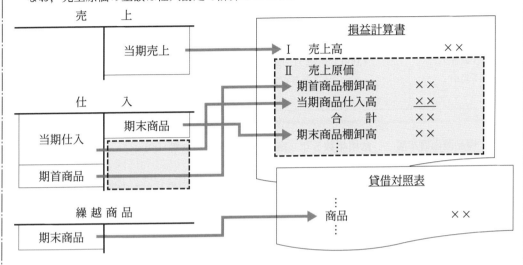

【勘定奉行による商品の決算整理】

　勘定奉行による商品の決算整理において，期首商品と期末商品の振替では「仕入」勘定の代わりに，「期首商品棚卸高」勘定と「期末商品棚卸高」勘定を用います。使用する勘定科目の名称は異なりますが，売上原価の計算方法（考え方）は三分法と同じです。

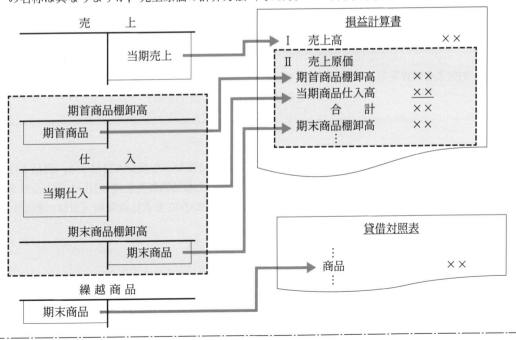

> b．貸倒見積額　　売掛金残高の1%とする。

【解説】

　残高試算表より，売掛金の残高は¥700,000であることがわかります。

　よって，貸倒引当金繰入額は，¥700,000 × 0.01 ＝ ¥7,000 となります。

【仕訳】

　　　　　＜日　付＞　12月31日　　整理仕訳

借方科目	借方金額	貸方科目	貸方金額	摘　要
貸倒引当金繰入 （コード：710）	7,000	貸倒引当金 （コード：191）	7,000	売掛金残高に対して1％の貸し倒れを見積もり

> c．備品減価償却額　　耐用年数5年　定額法　残存価額は零（0）
　　間接法で記帳している。
　　なお，備品¥200,000は当期首に取得したものである。

【解説】

　減価償却費は，（取得価額 ¥200,000 －残存価額 ¥0）÷ 5（年）＝ ¥40,000 となります。なお，備品勘定の帳簿価額は税抜金額で計上されていることに注意しましょう。

【仕訳】

　　　　　＜日　付＞　12月31日　　整理仕訳

借方科目	借方金額	貸方科目	貸方金額	摘　要
減価償却費 （コード：760）	40,000	備品減価償却累計額	40,000	備品の減価償却費を計上

> d．納付する消費税額　　仮受消費税 ¥1,347,000 と仮払消費税 ¥1,109,000 の差額
　　¥238,000 を未払消費税として計上する。

【解説】

　会社が納付すべき消費税は，商品を売り上げたときなどに預かった仮受消費税から，商品を仕入れたときや物品・サービスなどを購入したときなどに支払った仮払消費税を差し引いた額となります。

　仮受消費税 ¥1,347,000 と仮払消費税 ¥1,109,000 の差額 ¥238,000 を未払消費税（負債の勘定）として計上します。

【仕訳】

　　　　　＜日　付＞　12月31日　　整理仕訳

借方科目	借方金額	貸方科目	貸方金額	摘　要
仮受消費税	1,347,000	仮払消費税	1,109,000	納付する消費税額を計上
		未払消費税	238,000	

> e. 法人税, 住民税及び事業税額　　¥330,000

【仕訳】

　　＜日　付＞　12月31日　　整理仕訳

借方科目	借方金額	貸方科目	貸方金額	摘　要
法人税, 住民税及び事業税	330,000	未払法人税等	330,000	当期の法人税, 住民税及び事業税額を計上

2　仕訳伝票リスト

メインメニュー［仕訳処理］＞［2.仕訳伝票リスト］

　決算整理仕訳を入力したら, 仕訳伝票リストを出力して, 入力内容が正しいか確認しましょう。
（集計期間は「期末整理～期末整理」を指定します。）

【令和4年12月31日決算整理仕訳一覧】

	借方科目	借方金額	貸方科目	貸方金額	摘要
a	繰越商品	770,000	期末商品棚卸高	770,000	売上原価の計算
b	貸倒引当金繰入	7,000	貸倒引当金	7,000	売掛金残高に対して1%の貸し倒れを見積もり
c	減価償却費	40,000	備品減価償却累計額	40,000	備品の減価償却高を計上
d	仮受消費税	1,347,000	仮払消費税	1,109,000	納付する消費税額を計上
			未払消費税	238,000	
e	法人税, 住民税及び事業税	330,000	未払法人税等	330,000	当期の法人税, 住民税及び事業税額を計上

※入力した仕訳に誤りがあった場合は, 伝票を修正・削除することができます。（→ p.29）

3　合計残高試算表（決算整理後）

メインメニュー［会計帳票］＞［3.合計残高試算表］＞［1.合計残高試算表］

　合計残高試算表の条件設定画面で, 集計期間や帳票選択をします。
　ここでは［月範囲］ボタンをクリックし, 開始は［令和4年1月］, 終了は［期末整理］を指定して［OK］ボタンで閉じます。
　条件設定画面に戻ったら, ［画面］ボタンをクリックすると, 試算表が表示されます。

合 計 残 高 試 算 表

自 令和 4年 1月 1日 至 令和 4年 期末整理 31日

ＡＢＣ商事株式会社

【税抜】
（単位：円）

コード	科目名	繰越残高	借方	貸方	残高
100	現金	0	6,385,000	5,909,000	476,000
110	当座預金	0	7,475,000	6,637,000	838,000
111	普通預金	0	7,557,000	6,826,000	731,000
135	売掛金	0	5,665,000	4,965,000	700,000
160	繰越商品	0	770,000	0	770,000
182	仮払消費税	0	1,109,000	1,109,000	0
191	貸倒引当金	0	0	7,000	-7,000
	流動資産計	0	28,961,000	25,453,000	3,508,000
205	備品	0	200,000	0	200,000
233	備品減価償却累計額	0	0	40,000	-40,000
	固定資産計	0	200,000	40,000	160,000
	資産合計	0	29,161,000	25,493,000	3,668,000
305	買掛金	0	5,254,000	6,564,000	1,310,000
310	借入金	0	700,000	700,000	0
320	未払法人税等	0	0	330,000	330,000
330	仮受消費税	0	1,347,000	1,347,000	0
331	未払消費税	0	0	238,000	238,000
346	所得税預り金	0	110,000	120,000	10,000
347	社会保険料預り金	0	165,000	180,000	15,000
	流動負債計	0	7,576,000	9,479,000	1,903,000
	固定負債計	0	0	0	0
	負債合計	0	7,576,000	9,479,000	1,903,000
	資本金	0	0	1,000,000	1,000,000
	資本準備金	0	0	0	0
	その他資本剰余金	0	0	0	0
	資本剰余金	0	0	0	0
	利益準備金	0	0	0	0
	繰越利益剰余金	0	0	765,000	765,000
	その他利益剰余金計	0	0	765,000	765,000
	利益剰余金	0	0	765,000	765,000
	株主資本計	0	0	1,765,000	1,765,000
	純資産合計	0	0	1,765,000	1,765,000
	負債純資産合計	0	7,576,000	11,244,000	3,668,000

（注）合計科目を一部省略して表示しています。

合 計 残 高 試 算 表

自 令和 4年 1月 1日 至 令和 4年 期末整理 31日

ＡＢＣ商事株式会社

【税抜】
(単位：円)

コード	科目名	繰越残高	借方	貸方	残高
500	売上	0	0	13,460,000	13,460,000
	純売上高	0	0	13,460,000	13,460,000
604	仕入	0	10,380,000	0	10,380,000
614	期末商品棚卸高	0	0	770,000	770,000
	売上原価	0	10,380,000	770,000	9,610,000
	売上総利益	0	0	3,850,000	3,850,000
710	貸倒引当金繰入	0	7,000	0	7,000
721	給料	0	2,040,000	0	2,040,000
730	法定福利費	0	165,000	0	165,000
742	消耗品費	0	30,000	0	30,000
751	支払家賃	0	480,000	0	480,000
760	減価償却費	0	40,000	0	40,000
	販売費及び一般管理費計	0	2,762,000	0	2,762,000
	営業利益	0	0	1,088,000	1,088,000
808	受取手数料	0	0	10,000	10,000
	営業外収益	0	0	10,000	10,000
830	支払利息	0	3,000	0	3,000
	営業外費用	0	3,000	0	3,000
	経常利益	0	0	1,095,000	1,095,000
	特別利益	0	0	0	0
	特別損失	0	0	0	0
	税引前当期純利益	0	0	1,095,000	1,095,000
930	法人税，住民税及び事業税	0	330,000	0	330,000
	法人税等	0	330,000	0	330,000
	当期純利益	0	0	765,000	765,000

メニュー［決算処理］＞［決算報告書］＞［決算報告書］

ここでは決算報告書を出力します。

印刷等条件設定画面から，［プレビュー］をクリックします。

貸　借　対　照　表

令和　4年 12月 31日　　　　　　　　　　　（当期会計期間末）

ＡＢＣ商事株式会社

（単位：円）

資産の部		負債の部		
科　　目	金　　額	科　　目	金　　額	
【流動資産】		【流動負債】		
現金	476,000	買掛金		1,310,000
当座預金	838,000	未払法人税等		330,000
普通預金	731,000	未払消費税		238,000
売掛金	700,000	所得税預り金		10,000
商品	770,000	社会保険料預り金		15,000
貸倒引当金	△7,000	流動負債合計		1,903,000
流動資産合計	3,508,000	負債合計		1,903,000
【固定資産】				
（有形固定資産）				
備品	200,000	純資産の部		
備品減価償却累計額	△40,000	科　　目	金　　額	
有形固定資産合計	160,000	【株主資本】		
固定資産合計	160,000	資本金		1,000,000
		【利益剰余金】		
		（その他利益剰余金)	（	765,000 ）
		繰越利益剰余金		765,000
		利益剰余金合計		765,000
		株主資本合計		1,765,000
		純資産合計		1,765,000
資産合計	3,668,000	負債純資産合計		3,668,000

損　益　計　算　書

自 令和 4年 1月 1日 至 令和 4年 12月 31日　　（当期累計期間）

ＡＢＣ商事株式会社

（単位：円）

科　　目	金　　額	
【売上高】		
売上高	13,460,000	
売上高合計		13,460,000
【売上原価】		
当期商品仕入高	10,380,000	
期末商品棚卸高	770,000	9,610,000
売上総利益		3,850,000
【販売費及び一般管理費】		2,762,000
営業利益		1,088,000
【営業外収益】		
受取手数料	10,000	
営業外収益合計		10,000
【営業外費用】		
支払利息	3,000	
営業外費用合計		3,000
経常利益		1,095,000
特別利益合計		0
特別損失合計		0
税引前当期純利益		1,095,000
法人税，住民税及び事業税	330,000	
法人税等合計		330,000
当期純利益		765,000

販売費及び一般管理費明細書

自 令和 4年 1月 1日 至 令和 4年 12月 31日　　（当期累計期間）

ＡＢＣ商事株式会社

（単位：円）

科　　目	金　　額	
貸倒引当金繰入	7,000	
給料	2,040,000	
法定福利費	165,000	
消耗品費	30,000	
支払家賃	480,000	
減価償却費	40,000	
販売費及び一般管理費合計		2,762,000

1 翌会計年度の作成

決算処理が終わり，期末残高が確定したら［翌会計年度作成］を行います。翌会計年度（第2期）が作成されると同時に，確定した期末残高を翌期首残高として繰り越します。

① メインメニュー［決算処理］＞［期末処理］＞［翌会計年度作成］をクリックします。

② 表示された画面で「翌会計年度作成後，期末残高繰越を行う」にチェックが入っていることを確認して，［F2実行］ボタンをクリックします。

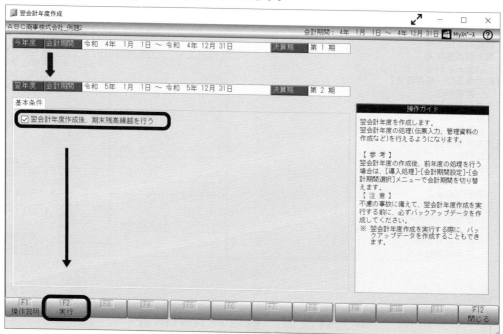

③ バックアップ確認画面で，バックアップをする場合は「はい」をクリックします。（バックアップの処理方法については p.13 を参照）

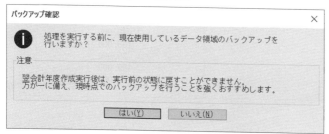

④ 次の画面が出た場合は［OK］をクリックします。

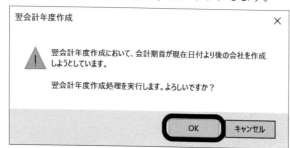

42

⑤ 「翌会計年度の作成を完了しました」というダイアログで［OK］ボタンをクリックします。

⑥ つづいて［OK］ボタンをクリック後，［期末残高繰越］画面が表示されるので，指示通りに
［F2 実行］をクリックして，［OK］をクリックします。

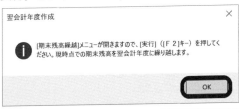

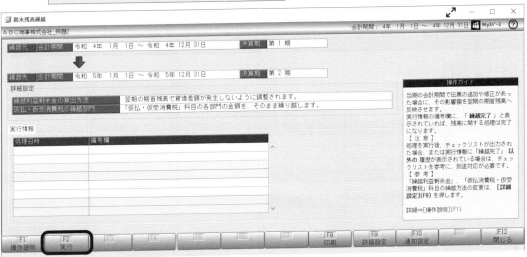

2 第2期（令和5年度）の選択

メインメニュー［導入処理］＞［会計期間設定］＞［会計期間選択］

翌会計年度更新処理後の会計期間を確認します。

新たに第2期（令和5年度）のデータが作成されていることが確認できます。第2期を選択して
ダブルクリックする（または［Enter］キーを押す）と，会計処理の対象となる会計期間が第2期（令
和5年度）に切り替わります。

3 期首残高の確認

会計期間更新処理直後の合計残高試算表で，期首の勘定残高を確認しておきましょう。

① メニュー画面で［会計帳票］＞［合計残高試算表］＞［合計残高試算表］をクリックします。
つづけて［画面］ボタンを押します。

② 「合計残高試算表」画面が表示されます。

収益・費用の各勘定残高は "0" になっています。

また，前期（第1期）の純利益（¥765,000）は，貸借対照表の純資産の部「繰越利益剰余金」
として第2期に繰り越されています。

（合計残高試算表－期首貸借対照表）

合 計 残 高 試 算 表

自 令和 5年 期首振戻 1日　至 令和 5年 期首振戻 31日

ＡＢＣ商事株式会社

【税抜】
（単位：円）

コード	科目名	繰越残高	借方	貸方	残高
100	現金	476,000	0	0	476,000
110	当座預金	838,000	0	0	838,000
111	普通預金	731,000	0	0	731,000
135	売掛金	700,000	0	0	700,000
160	繰越商品	770,000	0	0	770,000
191	貸倒引当金	-7,000	0	0	-7,000
	流動資産計	3,508,000	0	0	3,508,000
205	備品	200,000	0	0	200,000
233	備品減価償却累計額	-40,000	0	0	-40,000
	固定資産計	160,000	0	0	160,000
	資産合計	3,668,000	0	0	3,668,000
305	買掛金	1,310,000	0	0	1,310,000
320	未払法人税等	330,000	0	0	330,000
331	未払消費税	238,000	0	0	238,000
346	所得税預り金	10,000	0	0	10,000
347	社会保険料預り金	15,000	0	0	15,000
	流動負債計	1,903,000	0	0	1,903,000
	固定負債計	0	0	0	0
	負債合計	1,903,000	0	0	1,903,000
	資本金	1,000,000	0	0	1,000,000
	資本準備金	0	0	0	0
	その他資本剰余金	0	0	0	0
	資本剰余金	0	0	0	0
	利益準備金	0	0	0	0
	繰越利益剰余金	765,000	0	0	765,000
	その他利益剰余金計	765,000	0	0	765,000
	利益剰余金	765,000	0	0	765,000
	株主資本計	1,765,000	0	0	1,765,000
	純資産合計	1,765,000	0	0	1,765,000
	負債純資産合計	3,668,000	0	0	3,668,000

第5章　日常取引の処理（第2期2月）

【会計データ（データ領域）の選択】

ここでは例題3のデータ領域を選択します。

① メインメニュー［データ領域管理］＞［1. データ領域選択］をクリックします。

② 次の会社データを選択して［Enter］キーを押すか，ダブルクリックします。

　　　　（会社コード）　　　1000000003

　　　　（会計期首）　　　　令和5年1月1日

　　　　（決算期）　　　　　1〜2

　　　　（会社名）　　　　　第5章_例題3_ABC商事株式会社

③ 決算期「2」を選択して［Enter］キーを押すか，ダブルクリックします。

1　補助科目の追加について

　勘定奉行では，取引銀行や取引先（掛け取引）について，補助科目に登録することよって管理することができます。（データでは補助科目はすでに登録済みです。）

　ABC商事株式会社では，第2期から売掛金勘定と買掛金勘定について取引先別に管理することにしました。

　さらに，当座預金勘定と普通預金勘定についても，取引銀行別に管理することにしました。

第2年度の変更点（補助科目の追加）

第1年度		第2年度	
勘定科目		勘定科目	補助科目
当座預金	→	当座預金	1　ちよだ銀行
			2　足立銀行
普通預金	→	普通預金	1　ちよだ銀行
			2　足立銀行
			3　東西銀行
売掛金	→	売掛金	1　九州商店
			2　四国商店
			3　東北商店
			4　関東商店
			5　北海道商店
買掛金	→	買掛金	1　名古屋商店
			2　新潟産業
			3　群馬商事
			4　横浜商店

　補助科目を設定した4つの勘定科目（当座預金，普通預金，売掛金，買掛金）については，伝票入力画面で勘定科目の下に補助科目を入力します。補助科目のコード番号を入力するか，スペースキーを押して検索画面で補助科目を選択します。

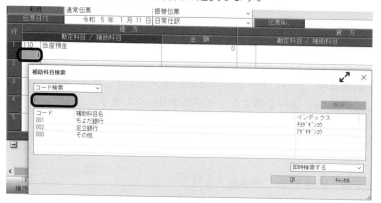

（取引銀行の入力例）

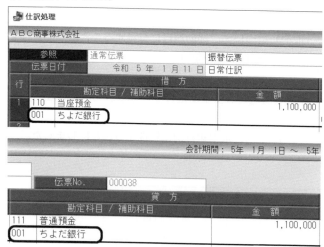

（得意先の入力例）

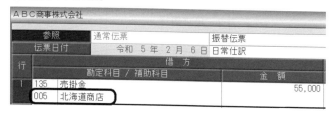

（仕入先の入力例）

それでは，次の例題3の取引について入力してみましょう。

例題3

ABC商事株式会社の令和5年度2月中の取引について，

(a) 仕訳伝票を入力しなさい。（摘要欄は空欄のままでよい。）

(b) 合計残高試算表を作成しなさい。

【使用する勘定科目と2月の月初残高】

コード	勘定科目名	月初残高	
		借方	貸方
100	現金	974,000	
110	当座預金	319,000	
111	普通預金	599,000	
135	売掛金	570,000	
160	繰越商品	770,000	
182	仮払消費税	99,000	
191	貸倒引当金		7,000
205	備品	200,000	
233	備品減価償却累計額		40,000
300	支払手形		－
305	買掛金		970,000
320	未払法人税等		330,000
330	仮受消費税		121,000
331	未払消費税		238,000
346	所得税預り金		10,000
347	社会保険料預り金		15,000
400	資本金		1,000,000
430	繰越利益剰余金		765,000 ※
500	売上		1,210,000
604	仕入	920,000	
721	給料	170,000	
730	法定福利費	15,000	
741	通信費	20,000	
742	消耗品費	－	
744	水道光熱費	10,000	
751	支払家賃	40,000	
	合計	4,706,000	4,706,000

※繰越利益剰余金 ¥765,000 は，令和5年度の期首残高です。

【使用する補助科目と2月の月初残高】

科目名	残高
当座預金	
1　ちよだ銀行	269,000
2　足立銀行	50,000
合　計	319,000
普通預金	
1　ちよだ銀行	379,000
2　足立銀行	220,000
3　東西銀行	－
合　計	599,000

科目名	残高
売掛金	
1　九州商店	200,000
2　四国商店	－
3　東北商店	370,000
4　関東商店	－
5　北海道商店	－
合　計	570,000
買掛金	
1　名古屋商店	440,000
2　新潟産業	530,000
4　群馬商事	－
合　計	970,000

【令和5年度2月中の取引内容】

2月1日　四国商店に商品を売り渡し，次の請求書の原本を発送した。(代金は掛けとする。)

四国商店　御中　　　　　　**請 求 書**（控）　　　　令和5年2月1日

ABC商事株式会社

品物	数量	単価	金額
A商品	1,600	25	¥40,000
D商品	25	200	¥5,000
I商品	84	1,250	¥105,000
	消費税(10%)		¥15,000
	合計		¥165,000

2月2日　本月分の家賃 ₩44,000（税込）を当座預金（ちよだ銀行）から振り込んで支払った。

2月3日　ちよだ銀行のインターネットバンキングサービスから普通預金口座のWEB通帳（入出金明細）を参照したところ，次のとおりであった。(売掛金の回収として処理する。)

入出金明細				
日付	内容	出金金額	入金金額	取引残高
2.3	振込　トウホクシヨウテン（カ		370,000	省略

2月6日　北海道商店に商品を売り渡し，代金は掛けとした。なお，商品を発送したさい，
　　　　次の納品書兼請求書の原本を同封した。

納品書兼請求書（控）

北海道商店　御中

令和5年2月6日
ABC商事株式会社

品物	数量	単価	金額
B商品	500	100	¥50,000
	消費税（10%）		¥5,000
	合計		¥55,000

2月7日　商品を仕入れ、品物とともに次の納品書を受け取り、代金は現金で支払った。

納　品　書

ABC商事㈱　御中

R5/2/7

XY産業㈱

品物	数量	単価	金額
B商品	1,000	50	¥50,000
I商品	900	500	¥450,000
	消費税（10%）		¥50,000
	合計		¥550,000

領　収　書

ABC商事㈱　様

R5/2/7

¥　550,000 −（税込）

但　商品代金として

XY産業㈱

2月8日　東西銀行の普通預金口座に，現金¥100,000を預け入れた。

2月9日　商品を仕入れ，品物とともに次の納品書を受け取った。また，代金のうち
　　　　¥100,000は現金で支払い，残額は掛けとした。

納　品　書

令和5年2月9日

ABC商事㈱　御中

新潟産業

品物	数量	単価	金額
D商品	1,600	100	¥160,000
	消費税（10%）		¥16,000
	合計		¥176,000

領収書

ABC商事㈱　様

令和5年2月9日

¥　100,000 −（税込）

但　商品代金として

新潟産業

2月10日　前月分の給料の所得税預り金 ¥10,000 を，税務署に現金で納付した。

2月10日　新潟産業に対する買掛金の支払いのため，下記の約束手形を振り出して新潟
　　　　産業に郵送した。そのさいの郵便料金 ¥550 は現金で支払った。

No 1　　　　約束手形	支払期日　令和5年5月31日 支払地　　○○県○○市 支払場所　××銀行××支店

…

新潟産業　新潟　太郎　殿

¥530,000 ※

上記金額をあなたまたはあなたの指図人へこの約束手形と引き替えにお支払いいたします

令和5年2月10日
振出地　……
振出人　ABC 商事株式会社

　代表取締役　恵比寿一郎　㊞

領収書

ABC 商事㈱　様

令和5年2月10日

¥550 −（税込）

但　郵便代として

中央町郵便局

2月13日　商品を仕入れ，それとともに次の請求書を受け取り，代金は後日支払うこと
　　　　とした。

請　求　書　　　　　　　　　　　　　　　　令和5年2月13日

ABC 商事㈱　御中　　　　　　　　　　　　　　　　　　　名古屋商店

品物	数量	単価	金額
A 商品	2,000	20	¥40,000
C 商品	1,100	100	¥110,000
F 商品	200	250	¥50,000
消費税（10%）			¥20,000
合計			¥220,000

2月14日　ちよだ銀行の当座預金から小切手＃14　¥220,000 を振り出して，現金を引
　　　　き出した。

AA0014　　　　　　　　　　　**小　切　手**　　　　　　　　　○○　0001
Bank　　　　　　　　　　　　　　　　　　　　　　　　　　　　0123-012

支払地　○○県○○市……

株式会社　ちよだ銀行○○支店

金額　　　　¥220,000 ※

上記の金額をこの小切手と引き替えに
持参人へお支払いください　　　　　　　　　　　　　　　　○○県○○市…
令和5年2月10日　　　　　　　　　　　　　　　　　　　　ABC 商事株式会社
振出地　……　　　　　　　　　　　　　振出人　代表取締役　恵比寿一郎　㊞

2月15日　関東商店に商品を売り渡し，次の請求書の原本を発送した。なお，代金のうち¥247,000 は当座預金口座（ちよだ銀行）に振り込まれ，残額は掛けとした。

請　求　書（控）

関東商店　御中

令和5年2月15日
ABC商事株式会社

品物	数量	単価	金額
C商品	100	250	¥25,000
D商品	1,225	200	¥245,000
消費税（10%）			¥27,000
合計			¥297,000

2月16日　九州商店に商品を売り渡し，代金のうち¥203,000 は当座預金口座（ちよだ銀行）に振り込まれ，残額は掛けとした。

納　品　書（控）

九州商店　御中

令和5年2月16日
ABC商事株式会社

品物	数量	単価	金額
A商品	2,000	25	¥50,000
C商品	400	250	¥100,000
D商品	1,250	200	¥250,000
消費税（10%）			¥40,000
合計			¥440,000

2月17日　群馬商事から商品を仕入れ，商品とともに次の納品書兼請求書を受け取った。代金は後日支払うこととした。

納品書兼請求書

ABC商事株式会社　御中

令和5年2月17日
群馬商事

品物	数量	単価	金額
G商品	800	50	¥40,000
I商品	100	500	¥50,000
消費税（10%）			¥9,000
合計			¥99,000

2月20日　本月分の給料 ¥170,000 の支払いにあたり，所得税の源泉徴収額 ¥10,000 と社会保険料の従業員負担分 ¥15,000 を差し引き，残額を当座預金口座（ちよだ銀行）から振り込んだ。

2月21日　本日イベントに出店し，一日分の売上を集計した結果，次のとおりであった。なお，代金はすべて現金で受け取った。

売上集計表

R5/2/21

品物	数量	単価	金額
Ａ商品	1,400	25	¥35,000
Ｉ商品	292	1,250	¥365,000
消費税（10%）			¥40,000
合計			¥440,000

2月24日　事務用パソコンのマウス1個とフラッシュメモリ5個，計 ¥11,000（税込）を購入し，代金は現金で支払った。（消耗品費として処理する。）

領　収　書　　令和5年2月24日

ABC 商事㈱　様

¥　11,000 −（税込）

但　パソコン用品代として

YY デンキ新宿店

2月27日　本月分の水道光熱費 ¥11,000 が普通預金口座（ちよだ銀行）から引き落とされた。

2月27日　福山商店に次の商品を売り渡し，代金は当座預金口座（足立銀行）に振り込まれた。

納　品　書（控）

福山商店　御中

令和5年2月27日
ABC 商事株式会社

品物	数量	単価	金額
Ｉ商品	40	1,250	¥50,000
消費税（10%）			¥5,000
合計			¥55,000

2月28日　本月分のインターネット料金 ¥22,000（税込）が普通預金口座（ちよだ銀行）から引き落とされた。

2月28日　前年度分の法人税の確定申告を行い，以下の納付書に記入して，未払分（未払法人税等に計上されている）を現金で納付した。

科目		領　収　証　書			
	法人税	本税	330,000	納税等の区分	
		○○○税		中間申告	確定申告
		△△税			
住所	○○県○○市…	□□税			出納印 R5.2.28 ちよだ銀行
		××税			
氏名	ABC商事株式会社	合計額	¥330,000		

2月28日　前年度分の消費税の確定申告を行い，以下の納付書に記入して，未払分（未払消費税に計上されている）を現金で納付した。

科目		領　収　証　書			
	消費税及び地方消費税	本税	238,000	納税等の区分	
		○○○税		中間申告	確定申告
		△△税			
住所	○○県○○市…	□□税			出納印 R5.2.28 ちよだ銀行
		××税			
氏名	ABC商事株式会社	合計額	¥238,000		

2月28日　社会保険料預り金 ¥15,000（従業員の負担額）について、会社負担額（従業員の負担額と同額とする）を加えて現金で納付した。（会社負担額は法定福利費※で処理する。）

※従業員の健康保険料などの社会保険料は，従業員と事業主が双方で負担します。社会保険料は，健康保険組合などに支払うとき，事業主負担分を法定福利費（費用）で処理します。

令和5年2月の取引について，すべての仕訳を入力したら，仕訳伝票リストを出力して，入力内容に誤りがないか確認してみましょう。

① メインメニュー［仕訳処理］＞［2.仕訳伝票リスト］をクリックします。

② 条件設定画面で，集計期間の［月範囲］ボタンをクリックし，開始は「令和5年2月」，終了も同じく「令和5年2月」を指定して［OK］ボタンで閉じます。条件設定画面に戻ったら［画面］ボタンをクリックします。

【令和5年2月の仕訳一覧】

日付	借方科目	借方金額	貸方科目	貸方金額
令和5年 2月1日	売掛金　四国商店	165,000	売上	165,000 (15,000
2月2日	支払家賃	44,000 (4,000	当座預金　ちよだ銀行	44,000
2月3日	普通預金　ちよだ銀行	370,000	売掛金　東北商店	370,000
2月6日	売掛金　北海道商店	55,000	売上	55,000 (5,000
2月7日	仕入	550,000 (50,000	現金	550,000
2月8日	普通預金　東西銀行	100,000	現金	100,000
2月9日	仕入	176,000 (16,000	現金	100,000
			買掛金　新潟産業	76,000
2月10日	所得税預り金	10,000	現金	10,000
2月10日	買掛金　新潟産業	530,000	支払手形	530,000
	通信費	550 (50	現金	550
2月13日	仕入	220,000 (20,000	買掛金　名古屋商店	220,000
2月14日	現金	220,000	当座預金　ちよだ銀行	220,000
2月15日	当座預金　ちよだ銀行	247,000	売上	297,000 (27,000
	売掛金　関東商店	50,000		

日付	借方科目	借方金額	貸方科目	貸方金額
2月16日	当座預金　ちよだ銀行	203,000	売上	440,000
				(40,000
	売掛金　九州商店	237,000		
2月17日	仕入	99,000	買掛金　群馬商事	99,000
		(9,000		
2月20日	給料	170,000	当座預金　ちよだ銀行	145,000
			所得税預り金	10,000
			社会保険料預り金	15,000
2月21日	現金	440,000	売上	440,000
				(40,000
2月24日	消耗品費	11,000	現金	11,000
		(1,000		
2月27日	水道光熱費	11,000	普通預金　ちよだ銀行	11,000
		(1,000		
2月27日	当座預金　足立銀行	55,000	売上	55,000
				(5,000
2月28日	通信費	22,000	普通預金　ちよだ銀行	22,000
		(2,000		
2月28日	未払法人税等	330,000	現金	330,000
2月28日	未払消費税	238,000	現金	238,000
2月28日	社会保険料預り金	15,000	現金	30,000
	法定福利費	15,000		

5　合計残高試算表

① ［会計帳票］＞［3. 合計残高試算表］＞［1. 合計残高試算表］をクリックします。

② 条件設定画面で，集計期間や帳票選択をします。

　　ここでは集計期間の［月範囲］ボタンをクリックし，開始は［令和5年2月］，終了も同じく［令和5年2月］を指定して［OK］ボタンで閉じます。

　　条件設定画面に戻ったら，［画面］ボタンをクリックすると，試算表が表示されます。

【合計残高試算表】

合 計 残 高 試 算 表

自 令和 5年 2月 1日 至 令和 5年 2月 28日

ＡＢＣ商事株式会社

【税抜】
（単位：円）

コード	科目名	繰越残高	借方	貸方	残高
100	現金	974,000	660,000	1,369,550	264,450
110	当座預金	319,000	505,000	409,000	415,000
111	普通預金	599,000	470,000	33,000	1,036,000
135	売掛金	570,000	507,000	370,000	707,000
160	繰越商品	770,000	0	0	770,000
182	仮払消費税	99,000	103,050	0	202,050
191	貸倒引当金	-7,000	0	0	-7,000
	流動資産計	3,324,000	2,245,050	2,181,550	3,387,500
205	備品	200,000	0	0	200,000
233	備品減価償却累計額	-40,000	0	0	-40,000
	固定資産計	160,000	0	0	160,000
	資産合計	3,484,000	2,245,050	2,181,550	3,547,500
300	支払手形	0	0	530,000	530,000
305	買掛金	970,000	530,000	395,000	835,000
320	未払法人税等	330,000	330,000	0	0
330	仮受消費税	121,000	0	132,000	253,000
331	未払消費税	238,000	238,000	0	0
346	所得税預り金	10,000	10,000	10,000	10,000
347	社会保険料預り金	15,000	15,000	15,000	15,000
	流動負債計	1,684,000	1,123,000	1,082,000	1,643,000
	固定負債計	0	0	0	0
	負債合計	1,684,000	1,123,000	1,082,000	1,643,000
	資本金	1,000,000	0	0	1,000,000
	資本準備金	0	0	0	0
	その他資本剰余金	0	0	0	0
	資本剰余金	0	0	0	0
	利益準備金	0	0	0	0
	繰越利益剰余金	800,000	0	104,500	904,500
	その他利益剰余金計	800,000	0	104,500	904,500
	利益剰余金	800,000	0	104,500	904,500
	株主資本計	1,800,000	0	104,500	1,904,500
	純資産合計	1,800,000	0	104,500	1,904,500
	負債純資産合計	3,484,000	1,123,000	1,186,500	3,547,500

（注）合計科目を一部省略して表示しています。

合 計 残 高 試 算 表

自 令和 5年 2月 1日 至 令和 5年 2月 28日

ＡＢＣ商事株式会社

【税抜】
（単位：円）

コード	科目名	繰越残高	借方	貸方	残高
500	売上	1,210,000	0	1,320,000	2,530,000
	純売上高	1,210,000	0	1,320,000	2,530,000
604	仕入	920,000	950,000	0	1,870,000
	売上原価	920,000	950,000	0	1,870,000
	売上総利益	290,000	0	370,000	660,000
721	給料	170,000	170,000	0	340,000
730	法定福利費	15,000	15,000	0	30,000
741	通信費	20,000	20,500	0	40,500
742	消耗品費	0	10,000	0	10,000
744	水道光熱費	10,000	10,000	0	20,000
751	支払家賃	40,000	40,000	0	80,000
	販売費及び一般管理費計	255,000	265,500	0	520,500
	営業利益	35,000	0	104,500	139,500
	営業外収益	0	0	0	0
	営業外費用	0	0	0	0
	経常利益	35,000	0	104,500	139,500
	特別利益	0	0	0	0
	特別損失	0	0	0	0
	税引前当期純利益	35,000	0	104,500	139,500
	法人税等	0	0	0	0
	当期純利益	35,000	0	104,500	139,500

（元帳から仕訳伝票へのジャンプ）

　元帳の行でダブルクリック（または［Enter］キー）すると，仕訳伝票へジャンプできます。

（→ p.30，p.81 参照）

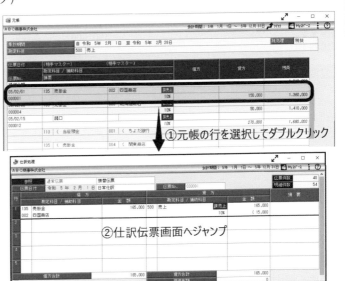

①元帳の行を選択してダブルクリック

②仕訳伝票画面へジャンプ

メインメニュー［会計帳票］＞［4.内訳表］＞［3.補助科目内訳表］

　補助科目内訳表では，各勘定の内訳として，補助科目ごとに集計した金額を表示・印刷することができます。

　補助科目内訳表の条件設定画面で，月範囲は「令和5年2月1日～令和5年2月28日」を指定して［画面］ボタンをクリックすると，補助科目別の残高が確認できます。

補 助 科 目 内 訳 表

自 令和 5年 2月 1日 至 令和 5年 2月 28日

ＡＢＣ商事株式会社

【税抜】
〈単位：円〉

科目名	繰越残高	借方	貸方	残高
当座預金				
ちよだ銀行	269,000	450,000	409,000	310,000
足立銀行	50,000	55,000	0	105,000
合　計	319,000	505,000	409,000	415,000
普通預金				
ちよだ銀行	379,000	370,000	33,000	716,000
足立銀行	220,000	0	0	220,000
東西銀行	0	100,000	0	100,000
合　計	599,000	470,000	33,000	1,036,000
売掛金				
九州商店	200,000	237,000	0	437,000
四国商店	0	165,000	0	165,000
東北商店	370,000	0	370,000	0
関東商店	0	50,000	0	50,000
北海道商店	0	55,000	0	55,000
合　計	570,000	507,000	370,000	707,000
買掛金				
名古屋商店	440,000	0	220,000	660,000
新潟産業	530,000	530,000	76,000	76,000
群馬商事	0	0	99,000	99,000
合　計	970,000	530,000	395,000	835,000

メインメニュー［会計帳票］＞［1.元帳］＞［1.元帳］

　元帳メニューでは，補助科目を指定することで，補助元帳が出力できます。

　条件設定画面の元帳種類を「補助元帳」として，勘定科目コードと補助科目コードを入力して［画面］または［印刷等］をクリックします。

【当座預金ちよだ銀行（PDFの出力例)】

110 当座預金
001 ちよだ銀行

ＡＢＣ商事株式会社

【税抜】
【補助元帳】

伝票日付 伝票No.	相手勘定科目 / 補助科目 摘要	借方	貸方	残高
	繰越金額			269,000
05/02/02 000002	751 支払家賃 2月分家賃支払い		40,000	229,000
000002	182 仮払消費税 2月分家賃支払い		4,000	225,000
05/02/14 000011	100 現金 引出		220,000	5,000
05/02/15 000012	諸口	247,000		252,000
000012	500 （ 売上			
000012	330 （ 仮受消費税			
05/02/16 000013	諸口	203,000		455,000
000013	500 （ 売上			
000013	330 （ 仮受消費税			
05/02/20 000015	721 給料 2月分給与支払い		145,000	310,000
	2月計	450,000	409,000	
	累計	1,880,000	2,408,000	310,000

【売掛金元帳（PDF の出力例）】

135 売掛金
001 九州商店

ＡＢＣ商事株式会社

【税抜】
【補助元帳】

伝票日付 伝票No.	相手勘定科目 / 補助科目 摘要	借方	貸方	残高
	繰越金額			200,000
05/02/16 000013	諸口	237,000		437,000
000013	500 （ 売上			
000013	330 （ 仮受消費税			
	2月計	237,000	0	
	累計	437,000	330,000	437,000

135 売掛金
002 四国商店

ＡＢＣ商事株式会社

【税抜】
【補助元帳】

伝票日付 伝票No.	相手勘定科目 / 補助科目 摘要	借方	貸方	残高
	繰越金額			0
05/02/01 000001	500 売上	150,000		150,000
000001	330 仮受消費税	15,000		165,000
	2月計	165,000	0	
	累計	385,000	220,000	165,000

135 売掛金
003 東北商店

ＡＢＣ商事株式会社

【税抜】
【補助元帳】

伝票日付 伝票No.	相手勘定科目 / 補助科目 摘要	借方	貸方	残高
	繰越金額			370,000
05/02/03 000003	111 普通預金　　　001 ちよだ銀行		370,000	0
	2月計	0	370,000	
	累計	0	370,000	0

135 売掛金
004 関東商店

ＡＢＣ商事株式会社

【税抜】
【補助元帳】

伝票日付 伝票No.	相手勘定科目 / 補助科目 摘要	借方	貸方	残高
	繰越金額			0
05/02/15 000012	諸口	50,000		50,000
000012	500 （ 売上			
000012	330 （ 仮受消費税			
	2月計	50,000	0	
	累計	270,000	220,000	50,000

135 売掛金
005 北海道商店

ＡＢＣ商事株式会社

【税抜】
【補助元帳】

伝票日付 伝票No.	相手勘定科目 / 補助科目 摘要	借方	貸方	残高
	繰越金額			0
05/02/06 000004	500 売上	50,000		50,000
000004	330 仮受消費税	5,000		55,000
	2月計	55,000	0	
	累計	55,000	0	55,000

【買掛金元帳（PDF の出力例）】

305 買掛金
001 名古屋商店

ＡＢＣ商事株式会社

【税抜】
【補助元帳】

伝票日付 伝票No.	相手勘定科目 / 補助科目 摘要	借方	貸方	残高
	繰越金額			440,000
05/02/13 000010	604 仕入		200,000	640,000
000010	182 仮払消費税		20,000	660,000
	2月計	0	220,000	
	累計	440,000	220,000	660,000

305 買掛金
002 新潟産業

ＡＢＣ商事株式会社

【税抜】
【補助元帳】

伝票日付 伝票No.	相手勘定科目 / 補助科目 摘要	借方	貸方	残高
	繰越金額			530,000
05/02/09 000007	諸口		76,000	606,000
000007	604 （ 仕入			
000007	182 （ 仮払消費税			
05/02/10 000009	300 支払手形 約束手形＃1（支払期日5/31）	530,000		76,000
	2月計	530,000	76,000	
	累計	530,000	176,000	76,000

305 買掛金
003 群馬商事

ＡＢＣ商事株式会社

【税抜】
【補助元帳】

伝票日付 伝票No.	相手勘定科目 / 補助科目 摘要	借方	貸方	残高
	繰越金額			0
05/02/17 000014	604 仕入		90,000	90,000
000014	182 仮払消費税		9,000	99,000
	2月計	0	99,000	
	累計	0	99,000	99,000

【会計データ（データ領域）の選択】

ここでは例題4のデータ領域を選択します。

① メインメニュー［データ領域管理］＞［1. データ領域選択］をクリックします。

② 次の会社データを選択して［Enter］キーを押すか，ダブルクリックします。

(会社コード)　　　1000000004

(会計期首)　　　　令和5年1月1日

(決算期)　　　　　1〜2

(会社名)　　　　　第6章_例題4_ABC商事株式会社_例題4

③ 決算期「2」を選択して［Enter］キーを押すか，ダブルクリックします。

1 仕訳処理（伝票入力）

例題4

ABC商事株式会社の令和5年度12月中の取引について，

(a) 仕訳伝票を入力しなさい。

(b) 貸借対照表と損益計算書を作成しなさい。

【使用する勘定科目と12月の月初残高】

コード	勘定科目名	月初残高	
		借方	貸方
100	現金	330,450	
110	当座預金	2,360,000	
111	普通預金	2,758,000	
130	受取手形	440,000	
135	売掛金	418,000	
160	繰越商品	770,000	
172	前払保険料	—	
181	仮払金	—	
182	仮払消費税	1,530,050	
188	仮払法人税等	165,000	
191	貸倒引当金		7,000
204	車両運搬具	—	
205	備品	200,000	
232	車両運搬具減価償却累計額		—
233	備品減価償却累計額		40,000
300	支払手形		—
305	買掛金		430,000
310	借入金		3,600,000
315	未払金		—

318	未払利息		—
320	未払法人税等		—
330	仮受消費税		1,882,000
331	未払消費税		—
340	前受金		99,000
346	所得税預り金		10,000
347	社会保険料預り金		15,000
400	資本金		1,000,000
430	繰越利益剰余金		765,000 ※
500	売上		18,820,000
600	期首商品棚卸高	—	
604	仕入	13,130,000	
614	期末商品棚卸高	—	
702	広告宣伝費	700,000	
710	貸倒引当金繰入	—	
721	給料	1,870,000	
730	法定福利費	165,000	
740	旅費交通費	220,000	
741	通信費	220,500	
742	消耗品費	80,000	
744	水道光熱費	110,000	
745	保険料	360,000	
751	支払家賃	440,000	
753	支払手数料	400,000	
757	租税公課	1,000	
760	減価償却費	—	
830	支払利息	—	
832	手形売却損	—	
930	法人税，住民税及び事業税	—	
	合　計	26,668,000	26,668,000

※繰越利益剰余金 ¥765,000 は，令和 5 年度の期首残高です。

【使用する補助科目と12月の月初残高】

科目名	残高
当座預金	
1　ちよだ銀行	1,386,000
2　足立銀行	974,000
合　計	2,360,000
普通預金	
1　ちよだ銀行	2,149,000
2　足立銀行	379,000
3　東西銀行	230,000
合　計	2,758,000

科目名	残高
売掛金	
1　九州商店	—
2　四国商店	—
3　東北商店	—
4　関東商店	—
5　北海道商店	418,000
合　計	418,000
買掛金	
1　名古屋商店	430,000
2　新潟産業	—
3　群馬商事	—
4　横浜商店	—
合　計	430,000

【令和5年度12月中の取引】

12月1日　ABC商事株式会社は，事業規模拡大のため，あらたに株式100株を，1株につき¥10,000で発行し，その全額の引き受け・払い込みを受け，払込金は当座預金（ちよだ銀行）とした。

12月1日　営業用のトラック¥528,000（税込）を購入し，代金は月末に支払うことにした。

12月4日　本月分の家賃¥44,000（税込）を当座預金口座（ちよだ銀行）から振り込んで支払った。

12月4日　商品を仕入れ，品物とともに次の納品書を受け取った。また，代金は普通預金口座（ちよだ銀行）から振り込んで支払った。

納 品 書

ABC商事㈱　御中

R5/12/4

ZZZ商会

品物	数量	単価	金額
D商品	1,500	100	¥150,000
I商品	2,500	500	¥1,250,000
消費税（10%）			¥140,000
合計			¥1,540,000

12月5日　横浜商店から商品 ¥330,000（税込）を仕入れ，代金のうち ¥160,000 は現金で支払い，残額は掛けとした。

納 品 書			
ABC 商事㈱　御中			令和 5 年 12 月 5 日
			横浜商店
品物	数量	単価	金額
H 商品	3,000	100	¥300,000
消費税（10%）			¥30,000
合計			¥330,000

領収書

ABC 商事㈱　様

令和 5 年 12 月 5 日

¥　160,000 −（税込）
但　商品代金として

横浜商店

12月8日　名古屋商店に対する買掛金 ¥210,000 と，横浜商店に対する買掛金 ¥170,000 を，当座預金口座（ちよだ銀行）から振り込んで支払った。

12月8日　前月分の給料の所得税預り金 ¥10,000 を，税務署に現金で納付した。

12月11日　四国商店と関東商店に商品を売り渡し，代金は掛けとした。

請 求 書（控）			
四国商店　御中		令和 5 年 12 月 11 日	
		ABC 商事株式会社	
品物	数量	単価	金額
A 商品	200	25	¥5,000
D 商品	1,975	200	¥395,000
消費税（10%）			¥40,000
合計			¥440,000

請 求 書（控）			
関東商店　御中		令和 5 年 12 月 11 日	
		ABC 商事株式会社	
品物	数量	単価	金額
F 商品	50	500	¥25,000
I 商品	700	1,250	¥875,000
消費税（10%）			¥90,000
合計			¥990,000

12月12日　名古屋商店と新潟産業から商品を仕入れ，代金は掛けとした。

請求書

ABC 商事　様　　　　　　　　　　R5.12.12

名古屋商店

品物	数量	単価	金額
B 商品	2,800	50	¥140,000
	消費税（10%）		¥14,000
	合計		¥154,000

請求書

ABC 商事㈱　御中　　　　令和 5 年 12 月 12 日

新潟産業

品物	数量	単価	金額
D 商品	300	100	¥30,000
I 商品	300	500	¥150,000
	消費税（10%）		¥18,000
	合計		¥198,000

12月13日　従業員の出張にあたり，旅費の概算額 ¥50,000 を現金で渡した。（仮払金で処理する。）

12月14日　収入印紙 ¥1,000 を購入し，代金は現金で支払った。なお，この収入印紙はすぐに使用した。

領収書

ABC 商事株式会社 様

¥　1,000 －

但　収入印紙代として

第一郵便局

12月15日　事務用にタブレット端末（¥77,000（税込）を購入し，代金は現金で支払った。（消耗品費として処理する。）

領収書

¥77,000 －

（うち消費税 7,000 円）

ただし，タブレット端末代として

○×電気

12月18日　従業員が出張から帰ったため，旅費を精算した。次の領収書および報告書が
　　　　　提出されるとともに、かねて概算払いしていた¥50,000との差額¥6,000を現
　　　　　金で受け取った。なお、1回¥3,000以下の電車賃は従業員からの領収書の提
　　　　　出を不要としている。

領収書

運賃　¥3,300－

（うち消費税300円）
上記のとおり領収致しました。
　　　　　　　　　　□□交通

領収書

宿泊費　¥37,400－

（うち消費税3,400円）
シングル1名3泊
南北ホテル上野

旅費交通費等報告書

鈴木太郎

目的地	手段	領収書	金額
上野駅	電車	無	1,650
南北商事	タクシー	有	3,300
南北ホテル上野	宿泊	有	37,400
帰社	電車	無	1,650
合計			44,000

12月19日　関東商店の売掛金¥500,000について，下記の約束手形で回収した。

No　22　　　約束手形	支払期日　令和6年1月31日　　○○

No　22　　　約束手形

……

ABC商事株式会社　殿

支払期日　令和6年1月31日
支払地　　○○県○○市
支払場所　××銀行××支店

○○
000X-0XX

¥500,000　※

上記金額をあなたまたはあなたの指図人へこの約束手形と引き替えにお支払いいたします

令和5年12月19日
振出地　……
振出人　関東商店

関東三郎　　㊞

12月20日　本月分の給料¥170,000の支払いにあたり，所得税の源泉徴収額¥10,000
　　　　　と社会保険料の従業員負担分¥15,000を差し引き，残額を当座預金口座（ちよ
　　　　　だ銀行）から振り込んだ。

12月20日　ネットショップ出店料の月額¥55,000（税込）を，普通預金口座（ちよだ銀
　　　　　行）から振り込んで支払った。（支払手数料で処理する。）

12月21日　商品を売り上げ，品物とともに次の納品書の原本を渡した。なお，先月受け取っ
　　　　　ていた内金 ¥99,000 を差し引いた残額を，現金で受け取った。

納　品　書（控）

GW 商店　御中　　　　　　　　　　　　　　　　　　令和 5 年 12 月 21 日

　　　　　　　　　　　　　　　　　　　　　　　　　ABC 商事株式会社

品物	数量	単価	金額
D 商品	525	200	¥105,000
F 商品	150	500	¥75,000
消費税（10％）			¥18,000
合計			¥198,000

12月22日　次の約束手形を銀行で割り引き，割引料 ¥1,000 を差し引かれた手取金を現
　　　　　金で受け取った。

No　3　　　約　束　手　形

　　……

支払期日　令和 6 年 1 月 6 日	○○
支払地　　○○県○○市	000X-0XX
支払場所　××銀行××支店	

ABC 商事株式会社　殿

　　　　¥200,000 ※

上記金額をあなたまたはあなたの指図人へこの約束手形と引き替えにお支払いいたします

令和 5 年 10 月 23 日
振出地　……
振出人　A 関東商店

　　　　　関　東　三　郎　　㊞

12月25日　新潟産業から商品を仕入れ，品物とともに次の納品書を受け取った。なお，
　　　　　代金として次の小切手と約束手形を振り出した。

納　品　書

ABC 商事㈱　御中　　　　　　　　　　　　　　　　　令和 5 年 12 月 25 日
　　　　　　　　　　　　　　　　　　　　　　　　　　　　　新潟産業

品物	数量	単価	金額
E 商品	1,500	200	¥300,000
消費税（10%）			¥30,000
合計			¥330,000

AB0026
Bank

小　切　手

　　　　　　　　支払地　　○○県○○市……

　　　　　　　　　　株式会社　足立銀行○○支店

　　　金額　　　　　¥130,000 ※

○○　0001
0156-016

上記の金額をこの小切手と引き替えに
持参人へお支払いください　　　　　　　　　　　　　○○県○○市…
令和 5 年 12 月 25 日　　　　　　　　　　　　　　ABC 商事株式会社
振出地　……　　　　　　　　　　　　　振出人　代表取締役　恵比寿一郎　㊞

No 2　　　約　束　手　形

……

　　　新潟産業　新潟　太郎　殿

　　　¥200,000 ※

支払期日　令和 6 年 2 月 29 日
支払地　　○○県○○市
支払場所　××銀行××支店

○○
000X-0XX

上記金額をあなたまたはあなたの指図人へこの約束手形と引き替えにお支払いいたします

令和 5 年 12 月 25 日
振出地　……
振出人　ABC 商事株式会社

代表取締役　恵比寿一郎　　㊞

12月27日　本月分の水道光熱費 ¥11,000（税込）が普通預金口座（ちよだ銀行）から引き落とされた。

12月28日　本月分のインターネット料金 ¥22,000（税込）が普通預金口座（ちよだ銀行）から引き落とされた。

12月29日　ネットショップ（EC サイト）で次の商品を売り渡し，代金は普通預金口座（ちよだ銀行）に振り込まれた。

売上集計表 R5/12/29

品物	数量	単価	金額
I 商品	2,800	1,250	¥3,500,000
消費税（10%）			¥350,000
合計			¥3,850,000

12月29日　取り立てを依頼していた約束手形2枚について，期日に当座預金口座（ちよだ銀行）に入金された。なお，内訳は次のとおりである。

手形種類	振出人	振出日	手形番号	金額
約束手形	関東商店	10月30日	#24	¥156,000
約束手形	東北商店	11月30日	#39	¥84,000

12月29日　社会保険料預り金 ¥15,000（従業員の負担額）について、会社負担額（従業員の負担額と同額とする）を加えて現金で納付した。（会社負担額は法定福利費で処理する。）

12月29日　月初に購入した営業用トラックの代金 ¥528,000（未払分）を，小切手（ちよだ銀行）を振り出して支払った。

【ヒント】
　期中（12月29日まで）の仕訳をすべて入力したら，決算整理前の合計残高試算表を出力してみましょう。

メインメニュー［会計帳票］ ＞ ［3. 合計残高試算表］ ＞ ［1. 合計残高試算表］

　条件設定画面で，集計期間は「令和5年12月1日〜令和5年12月31日」を指定して，「画面」をクリックします。

　決算整理前試算表では，決算整理のために必要な情報（売上債権の残高，仮受消費税・仮払消費税の残高など）を確認しましょう。

12月31日
　【決算整理事項】

　a．期末商品棚卸高　　　￥5,268,450

　b．貸倒見積額　　　受取手形および売掛金残高の1%とする。

　c．減価償却高（月割計算により計上する）
　　備品
　　　耐用年数5年　定額法　残存価額は零（0）
　　　間接法で記帳している。
　　　なお，備品￥200,000は令和4年度期首に取得したものである。
　　車両運搬具
　　　耐用年数5年　定額法　残存価額は零（0）
　　　間接法で記帳している。
　　　なお，車両運搬具￥480,000は令和5年12月1日に取得したものである。

　d．保険料前払高　　　保険料￥360,000は，令和5年4月1日から1年分の保険料として支払ったものであり，前払高を時期に繰り延べる。

　e．借入金　　　令和5年7月31日に借り入れ　期間6か月　利率年3%
　　　　　　　　利息は元本返済時に支払う。
　　　　　　　　当期末までの利息を月割により未払い計上（見越し計上）する。

　f．納付する消費税額　　　仮受消費税￥2,380,000と仮払消費税￥1,833,050の差額￥546,950を未払消費税として計上する。

　g．法人税，住民税及び事業税額　　　￥2,400,000

【ヒント】
　決算整理仕訳は，伝票入力画面で伝票日付は「12月31日」，整理区分は「整理仕訳」（→ p.33参照）を指定して入力しましょう。

メインメニュー［仕訳処理］ ＞［2.仕訳伝票リスト］

【日常取引の仕訳】

日付	借方科目	借方金額	貸方科目	貸方金額
令和5年 12月1日	当座預金　ちよだ銀行	1,000,000	資本金	1,000,000
12月1日	車両運搬具	528,000 (48,000	未払金	528,000
12月4日	支払家賃	44,000 (4,000	当座預金　ちよだ銀行	44,000
12月4日	仕入	1,540,000 (140,000	普通預金　ちよだ銀行	1,540,000
12月5日	仕入	330,000 (30,000	現金 買掛金　横浜商店	160,000 170,000
12月8日	買掛金　名古屋商店 買掛金　横浜商店	210,000 170,000	当座預金　ちよだ銀行	380,000
12月8日	所得税預り金	10,000	現金	10,000
12月11日	売掛金　四国商店 売掛金　関東商店	440,000 990,000	売上	1,430,000 (130,000
12月12日	仕入	352,000 (32,000	買掛金　名古屋商店 買掛金　新潟産業	154,000 198,000
12月13日	仮払金	50,000	現金	50,000
12月14日	租税公課	1,000	現金	1,000
12月15日	消耗品費	77,000 (7,000	現金	77,000
12月18日	現金 旅費交通費	6,000 44,000 (4,000	仮払金	50,000
12月19日	受取手形	500,000	売掛金　関東商店	500,000

日付	借方科目	借方金額	貸方科目	貸方金額
12月20日	給料	170,000	当座預金　ちよだ銀行	145,000
			所得税預り金	10,000
			社会保険料預り金	15,000
12月20日	支払手数料	55,000 (5,000	普通預金　ちよだ銀行	55,000
12月21日	前受金	99,000	売上	198,000 (18,000
	現金	99,000		
12月22日	現金	199,000	受取手形	200,000
	手形売却損	1,000		
12月25日	仕入	330,000 (30,000	当座預金　足立銀行	130,000
			支払手形	200,000
12月27日	水道光熱費	11,000 (1,000	普通預金　ちよだ銀行	11,000
12月28日	通信費	22,000 (2,000	普通預金　ちよだ銀行	22,000
12月29日	普通預金　ちよだ銀行	3,850,000	売上	3,850,000 (350,000
12月29日	当座預金　ちよだ銀行	240,000	受取手形	156,000
			受取手形	84,000
12月29日	社会保険料預り金	15,000	現金	30,000
	法定福利費	15,000		
12月29日	未払金	528,000	当座預金　ちよだ銀行	528,000

【決算整理仕訳】

	借方科目	借方金額	貸方科目	貸方金額	
a	期首商品棚卸高	770,000	繰越商品	770,000	
	繰越商品	5,268,450	期末商品棚卸高	5.268,450	
b	貸倒引当金繰入 （コード：710）	11,480	貸倒引当金 （コード：191）	11,480	❶
c	減価償却費 （コード：760）	48,000	備品減価償却累計額	40,000	❷
			車両運搬具減価償却累計額	8,000	
d	前払保険料	90,000	保険料	90,000	❸
e	支払利息	45,000	未払利息	45,000	❹
f	仮受消費税	2,380,000	仮払消費税	1,833,050	❺
			未払消費税	546,950	
g	法人税，住民税及び事業税	2,400,000	仮払法人税等	165,000	❻
			未払法人税等	2,235,000	

【解説】

❶受取手形の貸倒引当金　￥500,000×0.01＝￥5,000

　　売掛金の貸倒引当金　￥1,348,000×0.01＝￥13,480

　　貸倒引当金繰入額　￥5,000＋￥13,480－￥7,000（貸倒引当金決算整理前残高）＝￥11,480

❷備品の減価償却費　￥200,000÷5年＝￥40,000

　　車両運搬具の減価償却費　$￥480,000÷5年×\dfrac{1か月}{12か月}＝￥8,000$

❸保険料前払高　$￥360,000×\dfrac{3か月（令和6年1月～令和6年3月）}{12か月（令和5年4月～令和6年3月）}＝￥90,000$

❹利息の未払計上額　$￥3,600,000×3\%×\dfrac{5か月（令和5年8月～令和5年12月）}{12か月}＝￥45,000$

❺仮払消費税の決算整理前残高　￥1,833,050

　　仮受消費税の決算整理前残高　￥2.380,000

　　未払消費税計上額　￥2,380,000－￥1,833,050＝￥546,950

❻仮払法人税等の決算整理前残高　￥165,000

　　未払法人税等の計上額　￥2,400,000－￥165,000＝￥2,235,000

3 合計残高試算表（決算整理後）

メインメニュー［会計帳票］＞［3.合計残高試算表］＞［1.合計残高試算表］

※ここでは集計期間「令和5年12月～期末整理」を指定して出力します。

合 計 残 高 試 算 表

自 令和 5年 12月 1日 至 令和 5年 期末整理 31日

ＡＢＣ商事株式会社

【税抜】
（単位：円）

コード	科目名	繰越残高	借方	貸方	残高
100	現金	330,450	304,000	328,000	306,450
110	当座預金	2,360,000	1,240,000	1,227,000	2,373,000
111	普通預金	2,758,000	3,850,000	1,628,000	4,980,000
130	受取手形	440,000	500,000	440,000	500,000
135	売掛金	418,000	1,430,000	500,000	1,348,000
160	繰越商品	770,000	5,268,450	770,000	5,268,450
172	前払保険料	0	90,000	0	90,000
181	仮払金	0	50,000	50,000	0
182	仮払消費税	1,530,050	303,000	1,833,050	0
188	仮払法人税等	165,000	0	165,000	0
191	貸倒引当金	-7,000	0	11,480	-18,480
	流動資産計	8,764,500	13,035,450	6,952,530	14,847,420
204	車両運搬具	0	480,000	0	480,000
232	車両運搬具減価償却累計額	0	0	8,000	-8,000
205	備品	200,000	0	0	200,000
233	備品減価償却累計額	-40,000	0	40,000	-80,000
	固定資産計	160,000	480,000	48,000	592,000
	資産合計	8,924,500	13,515,450	7,000,530	15,439,420
300	支払手形	0	0	200,000	200,000
305	買掛金	430,000	380,000	522,000	572,000
310	借入金	3,600,000	0	0	3,600,000
315	未払金	0	528,000	528,000	0
318	未払利息	0	0	45,000	45,000
320	未払法人税等	0	0	2,235,000	2,235,000
330	仮受消費税	1,882,000	2,380,000	498,000	0
331	未払消費税	0	0	546,950	546,950
340	前受金	99,000	99,000	0	0
346	所得税預り金	10,000	10,000	10,000	10,000
347	社会保険料預り金	15,000	15,000	15,000	15,000
	流動負債計	6,036,000	3,412,000	4,599,950	7,223,950
	固定負債計	0	0	0	0
	負債合計	6,036,000	3,412,000	4,599,950	7,223,950
	資本金	1,000,000	0	1,000,000	2,000,000
	資本準備金	0	0	0	0
	その他資本剰余金	0	0	0	0
	資本剰余金	0	0	0	0
	利益準備金	0	0	0	0
	繰越利益剰余金	1,888,500	0	4,326,970	6,215,470
	その他利益剰余金計	1,888,500	0	4,326,970	6,215,470
	利益剰余金	1,888,500	0	4,326,970	6,215,470
	株主資本計	2,888,500	0	5,326,970	8,215,470
	純資産合計	2,888,500	0	5,326,970	8,215,470
	負債純資産合計	8,924,500	3,412,000	9,926,920	15,439,420

（注）合計科目を一部省略して表示しています。

合 計 残 高 試 算 表

自 令和 5年 12月 1日 至 令和 5年 期末整理 31日

ＡＢＣ商事株式会社

【税抜】
（単位：円）

コード	科目名	繰越残高	借方	貸方	残高
500	売上	18,820,000	0	4,980,000	23,800,000
	純売上高	18,820,000	0	4,980,000	23,800,000
600	期首商品棚卸高	0	770,000	0	770,000
604	仕入	13,130,000	2,320,000	0	15,450,000
614	期末商品棚卸高	0	0	5,268,450	5,268,450
	売上原価	13,130,000	3,090,000	5,268,450	10,951,550
	売上総利益	5,690,000	0	7,158,450	12,848,450
702	広告宣伝費	700,000	0	0	700,000
710	貸倒引当金繰入	0	11,480	0	11,480
721	給料	1,870,000	170,000	0	2,040,000
730	法定福利費	165,000	15,000	0	180,000
740	旅費交通費	220,000	40,000	0	260,000
741	通信費	220,500	20,000	0	240,500
742	消耗品費	80,000	70,000	0	150,000
744	水道光熱費	110,000	10,000	0	120,000
745	保険料	360,000	0	90,000	270,000
751	支払家賃	440,000	40,000	0	480,000
753	支払手数料	400,000	50,000	0	450,000
757	租税公課	1,000	1,000	0	2,000
760	減価償却費	0	48,000	0	48,000
	販売費及び一般管理費計	4,566,500	475,480	90,000	4,951,980
	営業利益	1,123,500	0	6,772,970	7,896,470
	営業外収益	0	0	0	0
830	支払利息	0	45,000	0	45,000
832	手形売却損	0	1,000	0	1,000
	営業外費用	0	46,000	0	46,000
	経常利益	1,123,500	0	6,726,970	7,850,470
	特別利益	0	0	0	0
	特別損失	0	0	0	0
	税引前当期純利益	1,123,500	0	6,726,970	7,850,470
930	法人税，住民税及び事業税	0	2,400,000	0	2,400,000
	法人税等	0	2,400,000	0	2,400,000
	当期純利益	1,123,500	0	4,326,970	5,450,470

メインメニュー［決算処理］ ＞［1.決算報告書］ ＞［1.決算報告書］

　印刷等条件設定画面で，紙で出力する場合は「印刷」ボタン，出力イメージを確認する場合は「プレビュー」ボタン，PDFで出力する場合は「PDF」ボタンをクリックします。

貸 借 対 照 表

令和　5年 12月 31日　　　　　　　　　（当期会計期間末）

ＡＢＣ商事株式会社

（単位：円）

資産の部		負債の部	
科　　目	金　　額	科　　目	金　　額
【流動資産】		【流動負債】	
現金	306,450	支払手形	200,000
当座預金	2,373,000	買掛金	572,000
普通預金	4,980,000	借入金	3,600,000
受取手形	500,000	未払費用	45,000
売掛金	1,348,000	未払法人税等	2,235,000
商品	5,268,450	未払消費税	546,950
前払費用	90,000	所得税預り金	10,000
貸倒引当金	△18,480	社会保険料預り金	15,000
流動資産合計	14,847,420	流動負債合計	7,223,950
【固定資産】		負債合計	7,223,950
（有形固定資産）			
車両運搬具	480,000	純資産の部	
車両運搬具減価償却累計額	△8,000	科　　目	金　　額
備品	200,000	【株主資本】	
備品減価償却累計額	△80,000	資本金	2,000,000
有形固定資産合計	592,000	【利益剰余金】	
固定資産合計	592,000	（その他利益剰余金）	（　　6,215,470　）
		繰越利益剰余金	6,215,470
		利益剰余金合計	6,215,470
		株主資本合計	8,215,470
		純資産合計	8,215,470
資産合計	15,439,420	負債純資産合計	15,439,420

損 益 計 算 書

自 令和 5年 1月 1日 至 令和 5年 12月 31日 （当期累計期間）

ＡＢＣ商事株式会社

（単位：円）

科　　目	金　額	
【売上高】		
売上高	23,800,000	
売上高合計		23,800,000
【売上原価】		
期首商品棚卸高	770,000	
当期商品仕入高	15,450,000	
期末商品棚卸高	5,268,450	10,951,550
売上総利益		12,848,450
【販売費及び一般管理費】		4,951,980
営業利益		7,896,470
営業外収益合計		0
【営業外費用】		
支払利息	45,000	
手形売却損	1,000	
営業外費用合計		46,000
経常利益		7,850,470
特別利益合計		0
特別損失合計		0
税引前当期純利益		7,850,470
法人税，住民税及び事業税	2,400,000	
法人税等合計		2,400,000
当期純利益		5,450,470

販売費及び一般管理費明細書

自 令和 5年 1月 1日 至 令和 5年 12月 31日 （当期累計期間）

ＡＢＣ商事株式会社

（単位：円）

科　　目	金　額	
広告宣伝費	700,000	
貸倒引当金繰入	11,480	
給料	2,040,000	
法定福利費	180,000	
旅費交通費	260,000	
通信費	240,500	
消耗品費	150,000	
水道光熱費	120,000	
保険料	270,000	
支払家賃	480,000	
支払手数料	450,000	
租税公課	2,000	
減価償却費	48,000	
販売費及び一般管理費合計		4,951,980

分析編（その１）

第7章　会計ソフトウェアを活用した分析（その1／第2期決算）

　ここでは，勘定奉行の機能を活用して，入力されている会計データについて，内容を確認したり，さまざまな角度から分析してみましょう。

【会計データ（データ領域）の選択】

ここでは例題4解答のデータ領域を選択します。

① メインメニュー［データ領域管理］＞［1.データ領域選択］をクリックします。

② 次の会社データを選択して［Enter］キーを押すか，ダブルクリックします。

　　（会社コード）　　　9000000004

　　（会計期首）　　　　令和5年1月1日

　　（決算期）　　　　　1～2

　　（会社名）　　　　　第6～7章_例題4_解答_ABC商事株式会社

③ 決算期「2」を選択して［Enter］キーを押すか，ダブルクリックします。

1　帳票から取引内容を確認する

　勘定奉行では，元帳や試算表などの会計帳票の表示画面で，調べたい勘定科目等の行を選択して［Enter］キーを押すかダブルクリックすると，元帳にジャンプ（移動）できます。さらに元帳や仕訳伝票リストから調べたい取引の行を選択して［Enter］キーを押すかダブルクリックすると，仕訳伝票にジャンプ（移動）できます。

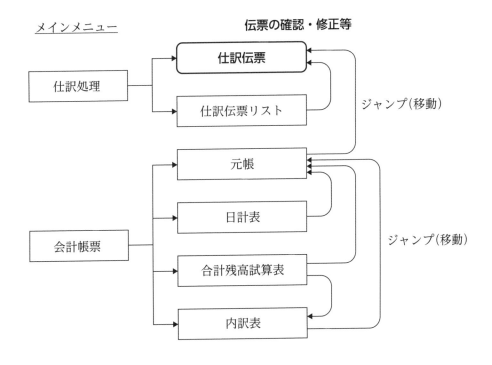

【問題】

問1 現金の令和5年度の期末残高を答えなさい。。

問2 足立銀行の当座預金口座について，令和5年度の期末残高を答えなさい。

問3 ちよだ銀行の普通預金口座について，令和5年5月末残高を答えなさい。

問4 受取手形の令和5年度期末残高と，その振出人，振出日，支払期日を答えなさい。

問5 支払手形の令和5年度期末残高と，その名あて人（受取人），振出日，支払期日を答えなさい。

問6 借入金の令和5年度期末残高と，借入期間，借入利率，返済期日を答えなさい。

問7 令和5年度末において，販売費および一般管理費の内訳で，金額がもっとも大きい勘定科目は何か答えなさい。また，その金額の売上高に対する比率（％）を答えなさい。（小数点以下第2位を四捨五入）

問8 前期（令和4年度末）に計上した法人税等（法人税，住民税及び事業税）を当期に納付している。支払ったのはいつか，日付を答えなさい。

問9 令和5年度の期首から期末にかけて，総資産がいくら増加または減少しているか答えなさい。また，同様に，純資産の増減額も答えなさい。

【解答欄】

問1	円	問2	円	問3	円

	期末残高	振出人	振出日	支払期日
問4	円		年　月　日	年　月　日

	期末残高	名あて人	振出日	支払期日
問5	円		年　月　日	年　月　日

	期末残高	借入期間	借入利率	返済日
問6	円	か月	％	年　月　日

	勘定科目	売上高に対する比率		
問7		％	問8	年　月　日

	総資産の増減額	純資産の増減額
問9	円　（　増加　・　減少　）	円　（　増加　・　減少　）

※増加・減少は，いずれか一方を○で囲むこと。

（合計残高試算表から各帳票へのジャンプ）

メニュー［会計帳票］＞［3. 合計残高試算表］＞［1. 合計残高試算表］

　合計残高試算表の画面では，調べたい勘定科目の行を選択して［Enter］キーを押すか，ダブルクリックをすると，他の帳票へジャンプ（移動）できます。移動先は「科目別内訳表」，「補助科目内訳表」，「元帳」です。さらに，「科目別内訳表」，「補助科目内訳表」画面でも，行を選択して［Enter］キーを押すか，ダブルクリックをすると，元帳へジャンプ（移動）することができます。

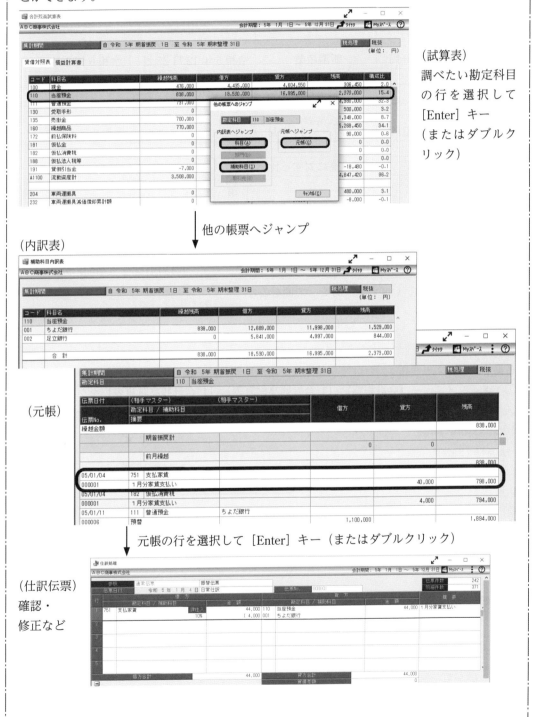

【解答】

問1		問2		問3	
	306,450 円		844,000 円		369,000 円

問4	期末残高	振出人	振出日	支払期日
	500,000 円	関東商店	令和 5 年 12 月 19 日	令和 6 年 1 月 31 日

問5	期末残高	名あて人	振出日	支払期日
	200,000 円	新潟産業	令和 5 年 12 月 25 日	令和 6 年 2 月 29 日

問6	期末残高	借入期間	借入利率	返済日
	3,600,000 円	10 か月	3%	令和 6 年 5 月 31 日

問7	勘定科目	売上高に対する比率	問8	
	給料	8.6%		令和 5 年 2 月 28 日

問9	総資産の増減額	純資産の増減額
	11,771,420 円 （増加）・減少	6,450,470 円 （増加）・減少

※増加・減少は，いずれか一方を○で囲むこと。

【解説】

問1

各勘定科目の期末残高は，合計残高試算表でわかります。

① メインメニュー［会計帳票］＞［3.合計残高試算表］＞［1.合計残高試算表］をクリックします。

② 条件設定画面で集計期間の終わりの月を「期末整理」にして，［画面］をクリックします。

③ 「現金」の残高欄で確認します。

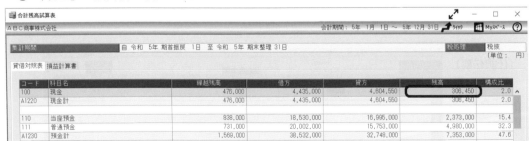

問2

補助科目の残高は，補助科目内訳表でわかります。

ここでは，合計残高試算表から補助科目内訳表へジャンプする方法で説明します。

① メインメニュー［会計帳票］＞［3.合計残高試算表］＞［1.合計残高試算表］をクリックします。

② 条件設定画面で集計期間の終わりの月を「期末整理」にして，［画面］をクリックします。

③ 「当座預金」の行を選択して［Enter］キーを押すかダブルクリックします。すると「他の帳票へのジャンプ」ダイアログが表示されるので，［補助科目］をクリックします。

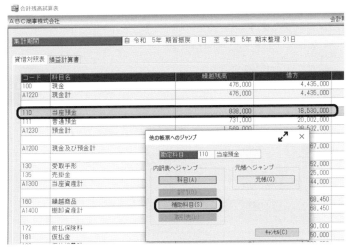

④ 補助科目「002 足立銀行」の残高欄で確認します。

問3

① メインメニュー［会計帳票］＞［4.内訳表］＞［3.補助科目内訳表］をクリックします。

② 条件設定画面で集計期間の終わりの月を「令和5年5月31日」にします。さらに集計対象で「勘定科目を指定する」にチェックを入れ，勘定科目コード「111」を入力して「普通預金」を指定します。それから［画面］をクリックします。

③ 補助科目「001 ちよだ銀行」の残高欄（¥369,000）で確認します。

問4

① メインメニュー［会計帳票］>［3.合計残高試算表］>［1.合計残高試算表］をクリックします。

② 条件設定画面で集計期間の終わりの月を「期末整理」にして，［画面］をクリックします。

③ 「受取手形」の残高欄で，期末残高 ¥500,000 がわかります。

④ 「受取手形」の行を選択して［Enter］キーを押すかダブルクリックします。すると「他帳票へのジャンプ」ダイアログが表示されるので，［元帳］をクリックします。

⑤ 受取手形元帳の内容から，期末残高 ¥500,000 の受取手形は，12 月 19 日に振り出したものだとわかります。ここで，12 月 19 日の行を選択して［Enter］キーを押すかダブルクリックします。すると仕訳伝票画面にジャンプします。

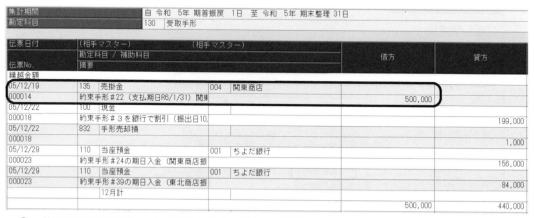

⑥ 仕訳伝票の摘要をみて，振出人と支払期日を確認します。（→ p.67 の約束手形を参照）

問5

ここでは，元帳から調べてみましょう。

① メインメニュー［会計帳票］>［1.元帳］>［1.元帳］をクリックします。

② 条件設定画面で，集計期間の終わりの月を「期末整理」，勘定を「支払手形」に指定して，［画面］をクリックします。

③ 元帳の残高欄の累計（画面の一番右下）をみると，期末残高がわかります。

さらに，元帳の内容から支払手形の振出日が 12 月 25 日であることがわかります。ここで，12 月 25 日の行を選択して［Enter］キーを押すかダブルクリックします。すると仕訳伝票画面にジャンプします。

集計期間		自 令和 5年 期首振戻 1日 至 令和 5年 期末整理 31日			税処理	税抜
勘定科目	300 支払手形					
伝票日付	(相手マスター) 勘定科目／補助科目	(相手マスター)	借方	貸方	残高	
伝票No.	摘要					
繰越金額					0	
05/12/25	諸口					
000019	約束手形 #2（支払期日R6/2/29）新潟			200,000	200,000	
	604（ 仕入					
	182（ 仮払消費税					
	12月計			0	200,000	
	前月繰越				200,000	
	期末整理計			0	0	
	累計			530,000	730,000	200,000

④ 仕訳伝票の摘要をみて，名あて人と支払期日を確認します。（→ p.69 の約束手形を参照）

参照	通常伝票	振替伝票			伝票件数	241
伝票日付	令和 5年 12月 25日 日常仕訳			伝票No. 000019	明細件数	371
行	借 方		貸 方		摘 要	
	勘定科目／補助科目	金 額	勘定科目／補助科目	金 額		
2			300 支払手形	200,000	約束手形 #2（支払期日R6/2/29）新潟産業あて	

（→ p.69 の約束手形を参照）

【問 6】

問 5 と同じようにして，元帳と仕訳伝票で調べましょう。

① メインメニュー［会計帳票］＞［1.元帳］＞［1.元帳］をクリックします。

② 条件設定画面で，集計期間の終わりの月を「期末整理」，勘定を「310 借入金」に指定して，［画面］をクリックします。

③ 元帳の残高欄の累計（画面の一番右下）をみると，期末残高（¥3,600,000）がわかります。
さらに，元帳の内容から 7 月 31 日に借り入れたことがわかります。ここで，7 月 31 日の行を選択して［Enter］キーを押すかダブルクリックします。すると仕訳伝票画面にジャンプします。

④ 仕訳伝票の摘要欄より「借入期間 10 か月，返済日令和 6 年 5/31，利率（年）3％」であることがわかります。

【問 7】

① メインメニュー［会計帳票］＞［3.合計残高試算表］＞［1.合計残高試算表］をクリックします。

② 条件設定画面で集計期間の終わりの月を「期末整理」にして，［画面］をクリックします。

③ 画面上部のタブで「損益計算書」をクリックして，販売費及び一般管理費計の上の内訳科目を確認すると，「給料」がほかのどの科目よりも金額が大きいことがわかります。

④ 損益計算書科目の売上高に対する比率は，試算表画面の一番右の列「構成比」でわかります。
（給料 ¥2,040,000 ÷ 売上高 ¥23,800,000 × 100 ≒ 8.6％）

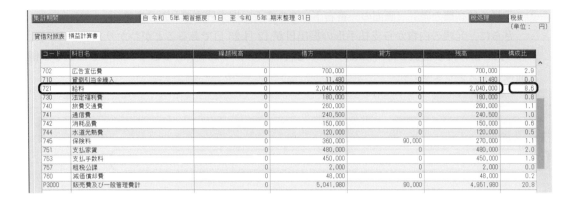

コード	科目名	繰越残高	借方	貸方	残高	構成比
702	広告宣伝費	0	700,000	0	700,000	2.9
710	貸倒引当金繰入	0	11,480	0	11,480	0.0
721	給料	0	2,040,000	0	2,040,000	8.6
730	法定福利費	0	180,000	0	180,000	0.8
740	旅費交通費	0	260,000	0	260,000	1.1
741	通信費	0	240,500	0	240,500	1.0
742	消耗品費	0	150,000	0	150,000	0.6
744	水道光熱費	0	120,000	0	120,000	0.5
745	保険料	0	360,000	90,000	270,000	1.1
751	支払家賃	0	480,000	0	480,000	2.0
753	支払手数料	0	450,000	0	450,000	1.9
757	租税公課	0	2,000	0	2,000	0.0
760	減価償却費	0	48,000	0	48,000	0.2
P3000	販売費及び一般管理費計	0	5,041,980	90,000	4,951,980	20.8

問8

ここでは，内訳表を確認してみましょう。

① メインメニュー［会計帳票］＞［4. 内訳表］＞［1. 科目別内訳表］をクリックします。

② 条件設定画面で，集計対象を「320 未払法人税等」に指定して，［画面］をクリックします。

　　未払法人税等の内訳表より，2月28日に残高が¥0になっており，2月28日に支払ったことがわかります。なお，ここで2月28日の行を選択して［Enter］キーを押すかダブルクリックすると元帳画面にジャンプし，そこからさらに仕訳伝票画面にジャンプできるので，伝票画面でも確認しておきましょう。

月	日	繰越残高	借方	貸方	残高
2月	28日	330,000	330,000	0	0
期末整理	31日	0	0	2,235,000	2,235,000
合　計			330,000	2,235,000	

問9

① メインメニュー［会計帳票］＞［3.合計残高試算表］＞［1.合計残高試算表］をクリックします。

② 条件設定画面で集計期間を「期首振戻～期末整理」に指定して，［画面］をクリックします。

③ 貸借対照表の「資産合計」の行の繰越残高欄の金額¥3,668,000は期首の資産総額です。また，残高欄の¥15,439,420は期末の資産総額です。よって，¥15,439,420から3,668,000を差し引くと¥11,771,420となり，この分資産総額が増加しているのがわかります。

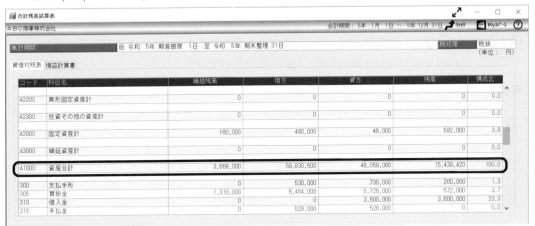

同様に，純資産についても，期首の金額¥1,765,000と期末の金額¥8,215,470がわかるので，差額の¥6,450,470増加していることがわかります。

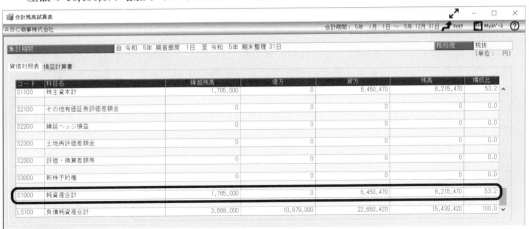

2 科目別推移表による分析

推移表（グラフ）の機能を活用すれば，さまざまな角度から分析することができます。

【問題】

問1　令和4年度から令和5年度の2年間分の売上の推移表を出力しなさい。出力した推移表から，年間（12か月）で，もっとも売上高の多かった月と金額を，それぞれの年度について答えなさい。

問2　令和5年度中の現金の推移表から，もっとも月末残高の多かった月とその金額を答えなさい。

問3　令和5年度中の販売費及び一般管理費（計）の推移表から，もっとも発生額の多かった月と，その月でもっとも金額の大きい内訳の勘定科目名を答えなさい。

【解答欄】

<table>
<tr><td rowspan="2">問1</td><td colspan="2">令和4年度で売上のもっとも多い月と金額</td><td colspan="2">令和5年度で売上のもっとも多い月と金額</td></tr>
<tr><td>令和4年　　　月</td><td>　　　　　　　　円</td><td>令和5年　　　月</td><td>　　　　　　　　円</td></tr>
</table>

<table>
<tr><td rowspan="2">問2</td><td colspan="2">現金の月末残高のもっとも多い月と金額</td><td rowspan="2">問3</td><td colspan="2">販管費で発生額のもっとも多い月と勘定科目</td></tr>
<tr><td>　　　月</td><td>　　　円</td><td>　　　月</td><td></td></tr>
</table>

（推移表の出力方法）

【科目別推移表の条件設定】

　科目別推移表では，勘定科目ごとの月別の発生額や残高が，1年間をとおしてどのように推移していったかがわかります。また，グラフによって表示することもできるので，財務状況を視覚的に把握することができて便利です。

　メインメニュー［分析帳票］＞［1. 推移表］＞［1. 科目別推移表］をクリックすると，条件設定画面が表示されます。

【基本条件】
① 集計単位
　「月次」「四半期」「半期」「年次」の4種類から選択できます。ここでは「月次」で説明します。
② 集計期間指定
　集計期間の開始会計期間は，過去の年度も指定できます。
③ 集計方法
　「発生」「残高」「発生・残高」の3種類から選択できます。調べたい内容に応じて選択します。

【詳細条件】
　整理仕訳の集計条件で「日常仕訳にまとめて集計する」にチェックを入れます。

【画面の出力】
　条件を指定して［画面］をクリックします。

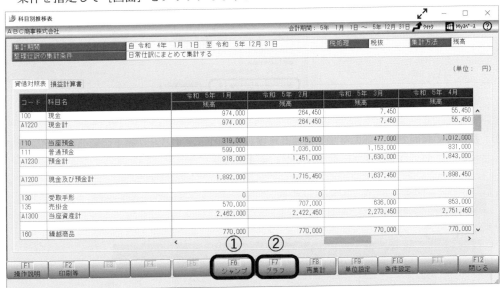

推移表の画面では，縦軸に勘定科目，横軸に月ごとの金額を一覧表示します。
① ［F6 ジャンプ］をクリックすると，選択した補助科目（補助科目別推移表）にジャンプ（移動）できます。
② ［F7 グラフ］をクリックすると，グラフが表示されます。（グラフの条件設定等については，次ページ以降で解説します。）

【解答】

問1	令和4年度で売上のもっとも多い月と金額		令和5年度で売上のもっとも多い月と金額	
	令和4年2月	1,560,000 円	令和5年12月	4,980,000 円

問2	現金の月末残高のもっとも多い月と金額		問3	販管費で発生額のもっとも多い月と勘定科目	
	1月	974,000 円		9月	広告宣伝費

【解説】

問1

① メインメニュー［分析帳票］＞［1. 推移表］＞［1. 科目別推移表］をクリックします。

② 条件設定画面の基本条件で，集計単位「月次」，集計期間「令和4年1月1日～令和5年12月31日」，集計方法「発生」を指定します。また，詳細条件（タブ）の整理仕訳の集計条件で「日常仕訳にまとめて集計する」にチェックを入れて，［画面］をクリックします。

③ 推移表の画面で，上部のタブ「損益計算書」をクリックすると，売上金額の推移が確認できます。ここで，［F7 グラフ］をクリックします。

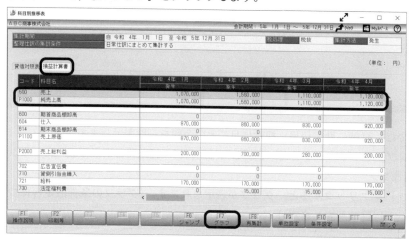

④　グラフ条件設定画面で，科目名「損益計算書」を選択します。次に左の選択項目から「500 売上」を選択して［選択］をクリックすると，右の選択済項目の中に「500 売上」が移動して表示されます。つづけて［画面］をクリックします。

⑤　グラフから金額の多い月がわかります。令和 4 年度から令和 5 年度に移動する場合は，［F5 次画面］をクリックします。金額については，グラフを閉じて推移表で確認します。

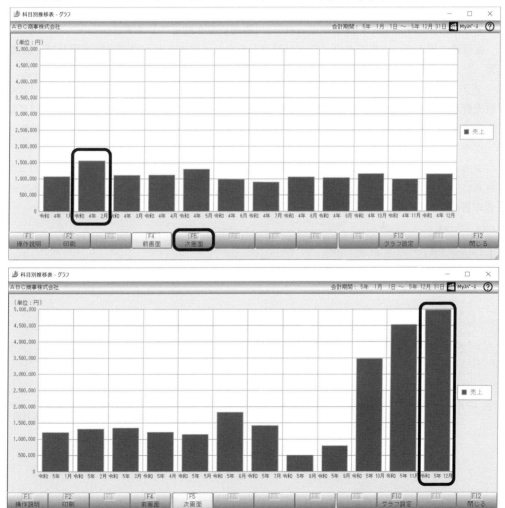

問2

① メインメニュー［分析帳票］＞［1. 推移表］＞［1. 科目別推移表］をクリックします。

② 条件設定画面で，集計単位「月次」，集計期間「令和5年1月1日〜令和5年12月31日」，集計方法「残高」を指定します。また，詳細条件（タブ）の整理仕訳の集計条件で「日常仕訳にまとめて集計する」にチェックを入れて，［画面］をクリックします。

③ 推移表の画面で，上部のタブ「貸借対照表」をクリックすると，月別の現金残高の推移が確認できます。ここで，［F7 グラフ］をクリックします。

④ グラフ条件設定画面で，科目名「貸借対照表」を選択します。次に左の選択項目から「100 現金」を選択して［選択］をクリックすると，右の選択済項目の中に「100 現金」が移動して表示されます。つづけて［画面］をクリックします。

⑤ グラフから残高の多い月が1月であることがわかります。

⑥ グラフを閉じて，推移表で1月の現金残高 ¥974,000 を確認します。

問3

① メインメニュー［分析帳票］＞［1. 推移表］＞［1. 科目別推移表］をクリックします。

② 条件設定画面で，集計単位「月次」，集計期間「令和5年1月1日〜令和5年12月31日」，集計方法「発生」を指定します。また，詳細条件（タブ）の整理仕訳の集計条件で「日常仕訳にまとめて集計する」にチェックを入れて，［画面］をクリックします。

③ 推移表の画面で，上部のタブ「損益計算書」をクリックすると，月別の販売費及び一般管理費（計）の発生額の推移が確認できます。ここで，［F7 グラフ］をクリックします。

④ グラフ条件設定画面で，科目名「損益計算書」を選択します。次に左の選択項目から「P3000 販売費及び一般管理費計」を選択して［選択］をクリックすると，右の選択済項目の中に「P3000 販売費及び一般管理費計」が移動して表示されます。つづけて［画面］をクリックします。

⑤ グラフから発生額の多い月が9月であることがわかります。

⑥ グラフを閉じて，推移表で9月の販売費及び一般管理費発生額 ¥1,255,000 がわかります。さらに上の行の9月の内訳科目をみると，「702 広告宣伝費」が ¥700,000 で，販売費及び一般管理費のなかで一番金額が大きいことがわかります。

コード	科目名	令和 5年 9月 発生	令和 5年 10月 発生	令和 5年 11月 発生	令和 5年 12月 発生
702	広告宣伝費	700,000	0	0	0
710	貸倒引当金繰入	0	0	0	11,480
721	給料	170,000	170,000	170,000	170,000
730	法定福利費	15,000	15,000	15,000	15,000
740	旅費交通費	0	0	0	40,000
741	通信費	20,000	20,000	20,000	20,000
742	消耗品費	0	20,000	0	70,000
744	水道光熱費	10,000	10,000	10,000	10,000
745	保険料	0	0	0	-90,000
751	支払家賃	40,000	40,000	40,000	40,000
753	支払手数料	300,000	50,000	50,000	50,000
757	租税公課	0	1,000	0	1,000
760	減価償却費	0	0	0	48,000
P3000	販売費及び一般管理費計	1,255,000	326,000	305,000	385,480

3 対前期比較

　対比表の機能を活用すれば，勘定科目ごとに，前期と当期の同じ月における発生または残高金額を比較して分析することができます。

【問題】

| 問1 | 令和5年度（1月～12月）の売上の対比表（対前期比）を出力しなさい。出力した対比表をもとに，前期の同じ月（前年同月）に対して当期のほうが売上高が多かった月について，解答欄に"○"を記入しなさい。 |

| 問2 | 令和5年度中の預金（当座預金と普通預金の合計）の各月末の残高について，対比表（対前期比）をもとに，令和4年度（前年度）の同じ月よりも月末残高の少なかった月を答えなさい。 |

【解答欄】

	1月	2月	3月	4月	5月	6月	7月	8月	9月	10月	11月	12月
問1												

問2	
	月

　（対比表の出力方法）

【科目別対比表の条件設定】

　科目別対比表では，前年の同じ月と比較しながら，勘定科目ごとの月別の発生額や残高が1年間をとおしてどのように推移していったかがわかります。また，グラフによって表示することもできるので，前年度と比較した財務状況を視覚的に把握することができます。

　メインメニュー［分析帳票］＞［2.対比表］＞［1.科目別対比表］をクリックすると，条件設定画面が表示されます。

【基本条件】
　①　集計単位

　　「月次」「四半期」「半期」「年次」の4種類から選択できます。本書では「月次」で説明します。

　②　集計期間指定

　　会計期間の開始と終了について，当期の1月から12月の間で指定します。

　③　集計方法

　　「発生」「残高」「発生・残高」の3種類から選択できます。調べたい内容に応じて選択します。

【詳細条件】

　整理仕訳の集計条件で「日常仕訳にまとめて集計する」にチェックを入れます。

【画面の出力】

　条件を指定して［画面］をクリックします。

　推移表の画面では，縦軸に勘定科目，横軸に月ごとの金額（当期と前期）を一覧表示します。

　［F6 ジャンプ］をクリックすると，選択した勘定科目の元帳にジャンプ（移動）できます。

　［F7 グラフ］をクリックすると，グラフが表示されます。

（売掛金残高の例）

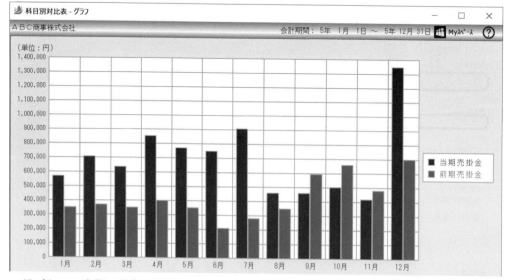

　月ごとに，当期・前期のグラフの棒が2本並んで表示されます。左側が当期，右側が前期です。

【解答】

	1月	2月	3月	4月	5月	6月	7月	8月	9月	10月	11月	12月
問 1	○		○	○		○	○			○	○	○

問 2				5月	

【解説】

問 1

① メインメニュー［分析帳票］＞［2. 対比表］＞［1. 科目別対比表］をクリックします。

② 条件設定画面で，集計単位「月次」，集計期間「令和5年1月1日～令和5年12月31日」，集計方法「発生」を指定します。また，詳細条件（タブ）の整理仕訳の集計条件で「日常仕訳にまとめて集計する」にチェックを入れて，［画面］をクリックします。

③ 対比表の画面で，上部のタブ「損益計算書」をクリックすると，売上金額について確認できます。ここで，［F7 グラフ］をクリックします。

④ グラフ条件設定画面で，科目名「損益計算書」を選択します。次に左の選択項目から「500 売上」を選択して［選択］をクリックすると，右の選択済項目の中に「500 売上」が移動して表示されます。つづけて［画面］をクリックします。

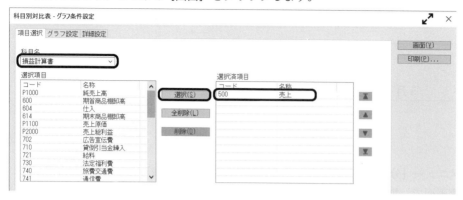

⑤ グラフから，売上高について，前期の同じ月に対して当期の方が金額の多かった月がわかります。

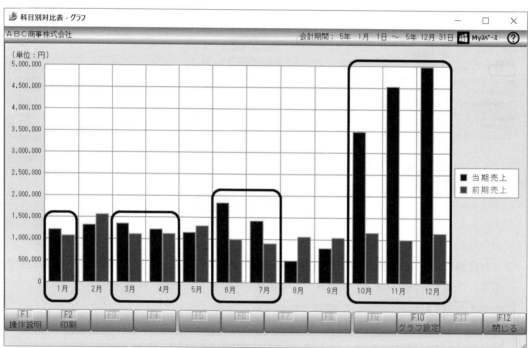

[問2]

① メインメニュー［分析帳票］＞［2. 対比表］＞［1. 科目別対比表］をクリックします。

② 条件設定画面で，集計単位「月次」，集計期間「令和5年1月1日〜令和5年12月31日」，集計方法「残高」を指定します。また，詳細条件（タブ）の整理仕訳の集計条件で「日常仕訳にまとめて集計する」にチェックを入れて，［画面］をクリックします。

③ 対比表の画面で，上部のタブ「貸借対照表」をクリックすると，月別の預金計（当座預金と普通預金の合計）残高の推移が確認できます。ここで，［F7 グラフ］をクリックします。

④ グラフ条件設定画面で，科目名「貸借対照表」を選択します。次に左の選択項目から「A1230 預金計」を選択して［選択］をクリックすると，右の選択済項目の中に「A1230 預金計」が移動して表示されます。つづけて［画面］をクリックします。

⑤ グラフから，前年同月に比べて残高の少なかった月が5月であることがわかります。

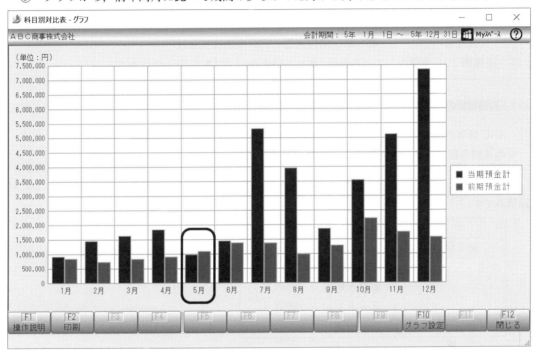

演習問題編

第8章 日常取引の処理～決算整理（第3期12月）

【会計データ（データ領域）の選択】

ここでは演習問題のデータ領域を選択します。

① メインメニュー［データ領域管理］＞［1.データ領域選択］をクリックします。

② 次の会社データを選択して［Enter］キーを押すか，ダブルクリックします。

（会社コード）	1000000005
（会計期首）	令和6年1月1日
（決算期）	1～3
（会社名）	第8章_演習問題_ABC商事株式会社

③ 決算期「3」を選択して［Enter］キーを押すか，ダブルクリックします。

1 補助科目の追加について

ABC商事株式会社では，第3期（令和6年度）から売上勘定に補助科目を設定して，売上を地域別や種類別に分けて管理することにしました。

第3期で新たに追加登録された補助科目は，次のとおりです。（データでは補助科目はすでに登録済みです。）

第3期	
勘定科目	補助科目
売上	1 西日本地域
	2 東日本地域
	3 ネットショップ販売
	4 店舗販売

2 仕訳処理（伝票入力）

演習問題

ABC商事株式会社の令和6年度12月中の取引について，

（a）仕訳伝票を入力しなさい。

（b）貸借対照表と損益計算書を作成しなさい。

【使用する勘定科目と 12 月の月初残高】

コード	科目名	月初残高	
		借方	貸方
100	現金	529,500	
110	当座預金	4,680,600	
111	普通預金	4,377,500	
135	売掛金	4,848,800	
160	繰越商品	5,268,450	
172	前払保険料	－	
182	仮払消費税	4,056,500	
188	仮払法人税等	1,200,000	
191	貸倒引当金		18,480
200	建物	4,800,000	
231	建物減価償却累計額		－
204	車両運搬具	480,000	
232	車両運搬具減価償却累計額		8,000
205	備品	200,000	
233	備品減価償却累計額		80,000
220	土地	5,000,000	
250	投資有価証券	500,000	
280	差入保証金	500,000	
300	支払手形		－
305	買掛金		4,539,000
310	短期借入金		4,400,000
318	未払利息		－
320	未払法人税等		－
330	仮受消費税		4,537,400
331	未払消費税		－
346	所得税預り金		64,000
347	社会保険料預り金		97,000
370	長期借入金		7,000,000
400	資本金		4,000,000
405	資本準備金		2,000,000
415	利益準備金		15,000
430	繰越利益剰余金		6,050,470 ※
440	その他有価証券評価差額金		－
500	売上		45,374,000
600	期首商品棚卸高	－	
604	仕入	32,400,000	
614	期末商品棚卸高		－
702	広告宣伝費	1,700,000	
710	貸倒引当金繰入	－	
721	給料	3,960,000	
722	賞与	1,100,000	
730	法定福利費	339,000	
740	旅費交通費	180,000	
741	通信費	220,000	
742	消耗品費	190,000	

744	水道光熱費		155,000	
745	保険料		510,000	
751	支払家賃		260,000	
753	支払手数料		660,000	
757	租税公課		5,000	
760	減価償却費		－	
830	支払利息		63,000	
930	法人税，住民税及び事業税		－	
	合計		78,183,350	78,183,350

※繰越利益剰余金 ¥6,050,470 は，令和 6 年度の期首残高 ¥6,215,470 から，3/15 の剰余金処分額 ¥165,000 を差し引いた金額です。（→メインメニュー［会計帳票］＞［1. 元帳］＞［1. 元帳］＞「430 繰越利益剰余金」元帳を参照）

【使用する補助科目と 12 月の月初残高】

科目名	残高
当座預金	
ちよだ銀行	4,636,600
足立銀行	44,000
合　計	4,680,600
普通預金	
ちよだ銀行	2,098,500
足立銀行	1,679,000
東西銀行	600,000
合　計	4,377,500

科目名	残高
売掛金	
九州商店	1,878,800
四国商店	－
東北商店	－
関東商店	1,430,000
北海道商店	1,540,000
合　計	4,848,800
買掛金	
名古屋商店	3,439,000
新潟産業	－
群馬商事	－
横浜商店	1,100,000
合　計	4,539,000

科目名	残高
売上	
西日本地域	16,853,000
東日本地域	13,601,000
ネットショップ販売	13,520,000
店舗販売	1,400,000
合　計	45,374,000

【令和 6 年度 12 月中の取引内容】

12 月 2 日　ちよだ銀行のインターネットバンキングサービスの入出金明細を参照したところ，店舗の当月分テナント料（支払家賃）が当座預金口座（ちよだ銀行）から引き落とされていた。

	入出金明細			
日付	内容	出金金額	入金金額	取引残高
12.2	引落　ヤマダフドウサン（カ	66,000		省略

12月3日　群馬商事から次の商品を仕入れ，代金は掛けとした。

納品書兼請求書

ABC 商事株式会社　御中

令和 6 年 12 月 3 日

群馬商事

品物	数量	単価	金額
G 商品	6,000	50	¥300,000
	消費税（10%）		¥30,000
	合計		¥330,000

12月6日　名古屋商店から商品を仕入れ，代金は掛けとした。

請　求　書

令和 6 年 12 月 6 日

ABC 商事㈱　御中

名古屋商店

品物	数量	単価	金額
A 商品	5,000	20	¥100,000
D 商品	1,100	100	¥110,000
L 商品	20	10,000	¥200,000
	消費税（10%）		¥41,000
	合計		¥451,000

12月10日　前月分の給料の所得税預り金を，現金で納付した。

国税 XX 資金	（納付書）	給与所得・退職所得等の所得税徴収高計算書			
	06	○○	xxx	xxxxxx	
区　　分	支払年月日	人　員			
給料等	061120	5	500,000	29,000	0611
賞与	061129	5	600,000	35,000	
…					
			本　税	64,000	出納印 R6.12.10 ちよだ銀行
国庫金	○○県○○市…		延滞税		
	ABC 商事株式会社		合計額	¥64,000	

12月13日　四国商店に商品を売り渡し，代金は掛けとした。（西日本地域への売上）

四国商店　御中　　　　　　**請　求　書**（控）　　　　令和6年12月13日

ABC商事株式会社

品物	数量	単価	金額
E商品	500	250	¥125,000
G商品	1,480	50	¥74,000
H商品	10,000	150	¥1,500,000
消費税（10％）			¥169,900
合計			¥1,868,900

12月16日　新潟産業から商品を仕入れ，代金は掛けとした。

ABC商事㈱　御中　　　　　　**納　品　書**　　　　令和6年12月16日

新潟産業

品物	数量	単価	金額
G商品	10,800	50	¥540,000
K商品	96	2,500	¥240,000
消費税（10％）			¥78,000
合計			¥858,000

12月17日　関東商店に商品を売り渡し，代金は掛けとした。（東日本地域への売上）

関東商店　御中　　　　　　**請　求　書**（控）　　　　令和6年12月17日

ABC商事株式会社

品物	数量	単価	金額
G商品	43,520	50	¥2,176,000
H商品	2,000	150	¥300,000
L商品	12	27,000	¥324,000
消費税（10％）			¥280,000
合計			¥3,080,000

12月20日　本月分の給料の支払いにあたり，所得税の源泉徴収額と社会保険料の従業員負担分を差し引き，残額を当座預金口座（ちよだ銀行）から振り込んだ。

総合給与振込依頼書

ちよだ銀行　御中

フリガナ	ABC ショウジ	
ご依頼人	ABC 商事㈱	様
ご連絡先	000 - 123 - 0000	

銀行	支店	種目	口座番号	フリガナ お受取人	金額
第一銀行	東町	当	1234123	サトウ　ケンタ 佐藤　健太	119,560
東西銀行	川中	当	6332145	スズキ　ジロウ 鈴木　次郎	111,020
大手銀行	西部	当	7524842	タナカ　タイチ 田中　太一	102,480
南北銀行	中町	当	9875612	ニシヤマ　コウイチ 西山　浩一	93,940
				合　計	427,000

給与明細一覧表（12月分）

	氏　名	佐藤健太	鈴木次郎	田中太一	西山浩一	合計
支給	基本給	130,000	125,000	120,000	110,000	485,000
	諸手当	10,000	5,000	0	0	15,000
	支給合計	140,000	130,000	120,000	110,000	500,000
控除	社会保険料	12,320	11,440	10,560	9,680	44,000
	所得税	8,120	7,540	6,960	6,380	29,000
	控除合計	20,440	18,980	17,520	16,060	73,000
	差引支給額	119,560	111,020	102,480	93,940	427,000

12月23日　得意先に対する売掛金が，当座預金口座（ちよだ銀行）に振り込まれた。

入出金明細

日付	内容	出金金額	入金金額	取引残高
12.23	キユウシユウシヨウテン		1,878,800	省略
12.23	カントウシヨウテン		1,430,000	
12.23	ホツカイドウシヨウテン		1,540,000	

12月25日　名古屋商店に対する買掛金を，小切手（ちよだ銀行）を振り出して支払った。

AA0019 Bank	小　切　手	○○　0001 0123-012

支払地　○○県○○市……

株式会社　ちよだ銀行○○支店

金額　　¥3,300,000 ※

上記の金額をこの小切手と引き替えに
持参人へお支払いください
令和6年12月25日
振出地　……

○○県○○市…
ABC商事株式会社
振出人　代表取締役　恵比寿一郎　㊞

12月26日　横浜商店に対する買掛金 ¥1,100,000 について，代金の一部については下記
　　　　　の約束手形#2を振り出して支払い，残額は当座預金口座（ちよだ銀行）から
　　　　　振り込んで支払った。

No　2　　約束手形
……

支払期日　令和7年2月28日
支払地　○○県○○市
支払場所　××銀行××支店

○○
000X-0XX

横浜商店　殿

¥500,000 ※

上記金額をあなたまたはあなたの指図人へこの約束手形と引き替えにお支払いいたします

令和6年12月26日
振出地　……
振出人　ABC商事株式会社

代表取締役　恵比寿一郎　㊞

12月27日　本月分の水道光熱費が普通預金口座（ちよだ銀行）から引き落とされた。

入出金明細

日付	内容	出金金額	入金金額	取引残高
12.27	引落　電気料金	7,700		省略
12.27	引落　水道料金	5,500		
12.27	引落　ガス料金	3,300		

12月30日　本月分のインターネット料金が普通預金口座（ちよだ銀行）から引き落とされた。

入出金明細				
日付	内容	出金金額	入金金額	取引残高
12.30	引落　リヨウキン　△△ネット	22,000		省　略

12月30日　長期借入金の利息が当座預金口座（ちよだ銀行）から引き落とされた。

入出金明細				
日付	内容	出金金額	入金金額	取引残高
12.30	融資　利息	420,000		省　略

12月30日　社会保険料預り金 ¥97,000（従業員の負担額）について、会社負担額（従業員の負担額と同額とする）とあわせて当座預金口座（ちよだ銀行）から引き落とされた。

保険料納入告知額・領収済額通知書

あなたの本月分保険料額は下記のとおりです。
なお，納入告知書を指定の金融機関に送付しましたから，指定振替日日前日までに口座残高の確認をお願いします。

下記の金額を指定の金融機関から口座振替により受領しました。

事業所整理番号	01 フオル	事業所番号	XXXXX
納付目的の年月　令和6年　11月		納付期限　令和6年　12月31日	

健康勘定	厚生年金勘定	子ども・子育て支援勘定
健康保険料	厚生年金保険料	子ども・子育て拠出金
XXX 円	XXX 円	XXX 円
合　　計　　額		194,000 円

事業所整理番号	01 フオル	事業所番号	XXXXX
納付目的の年月　令和6年　10月		納付期限　令和6年　11月30日	

健康勘定	厚生年金勘定	子ども・子育て支援勘定
健康保険料	厚生年金保険料	子ども・子育て拠出金
XXX 円	XXX 円	XXX 円
合　　計　　額		88,000 円

令和6年12月XX日

歳入徴収官
　厚生労働省年金局事業管理課長

100-0001
○○県○○市…
ABC 商事株式会社　殿

入出金明細				
日付	内容	出金金額	入金金額	取引残高
12.30	引落　社会保険	194,000		省　略

12月30日　本月分のネットショップでの売り上げ代金が普通預金口座（ちよだ銀行）に
振り込まれた。

ネットショップ売上集計表（12月分）

R6/12/30

品物	数量	単価	金額
G 商品	2,400	50	¥120,000
H 商品	6,200	150	¥930,000
		消費税(10%)	¥105,000
		合計	¥1,155,000

12月30日　本月分の店舗による販売代金を計上した。なお，店舗での販売代金はすべて
現金で受け取った。（仕訳は12月30日付で，借方「現金」で計上する。）

店舗売上集計表（12月分）

R6/12/30

品物	数量	単価	金額
E 商品	500	250	¥125,000
G 商品	600	50	¥30,000
I 商品	300	600	¥180,000
K 商品	83	5,000	¥415,000
		消費税(10%)	¥75,000
		合計	¥825,000

12月31日

【決算整理事項】

a. 期末商品棚卸高

実地棚卸を行った結果，商品在庫は次のとおりであった。

棚卸表			令和6年12月31日	
商品	仕入単価	在庫数量	在庫高	
A	20	5,000	(	)
D	100	19,900	(	)
E	200	6,800	(	)
G	50	2,800	(	)
H	100	15,132	(	)
I	500	2,232	(	)
K	2,500	364	(	)
L	10,000	75	(	)
		合計	(	)

b. 貸倒見積額　　売掛金残高の1%とする。

c. 減価償却高（月割計算により計上する。）

建物

耐用年数50年　定額法　残存価額は零（0）

間接法で記帳している。

なお，建物 ¥4,800,000 は当期の3月1日に完成して使用を開始している。

備品

耐用年数5年　定額法　残存価額は零（0）

間接法で記帳している。

なお，備品 ¥200,000 は令和4年度期首に取得したものである。

車両運搬具

耐用年数5年　定額法　残存価額は零（0）

間接法で記帳している。

なお，車両運搬具 ¥480,000 は令和5年12月1日に取得したものである。

d. 投資有価証券評価高　　保有する株式は次のとおりである。

その他有価証券：XYZ産業株式会社　500株　時価　1株 ¥1,200

e. 保険料 ¥420,000 は令和6年4月1日に向こう1年分を支払ったものである。

f. 短期借入金利息の未払分 ¥88,000 を計上する。

g. 納付する消費税額　　¥952,300（未払消費税として計上する。）

h. 法人税，住民税及び事業税額　　¥3,000,000

メインメニュー［仕訳処理］＞［2. 仕訳伝票リスト］

【日常取引の仕訳】

日付	借方科目	借方金額	貸方科目	貸方金額
令和6年 12月2日	支払家賃	66,000 （6,000	当座預金　ちよだ銀行	66,000
12月3日	仕入	330,000 （30,000	買掛金　群馬商事	330,000
12月6日	仕入	451,000 （41,000	買掛金　名古屋商店	451,000
12月10日	所得税預り金	64,000	現金	64,000
12月13日	売掛金　四国商店	1,868,900	売上　西日本地域	1,868,900 （169,900
12月16日	仕入	858,000 （78,000	買掛金　新潟産業	858,000
12月17日	売掛金　関東商店	3,080,000	売上　東日本地域	3,080,000 （280,000
12月20日	給料	500,000	当座預金　ちよだ銀行	427,000
			所得税預り金	29,000
			社会保険料預り金	44,000
12月23日	当座預金　ちよだ銀行	4,848,800	売掛金　九州商店	1,878,800
			売掛金　関東商店	1,430,000
			売掛金　北海道商店	1,540,000
12月25日	買掛金　名古屋商店	3,300,000	当座預金　ちよだ銀行	3,300,000
12月26日	買掛金　横浜商店	1,100,000	支払手形	500,000
			当座預金　ちよだ銀行	600,000
12月27日	水道光熱費	16,500 （1,500	普通預金　ちよだ銀行	16,500
12月30日	通信費	22,000 （2,000	普通預金　ちよだ銀行	22,000
12月30日	支払利息	420,000	当座預金　ちよだ銀行	420,000

12月30日	社会保険料預り金	97,000	当座預金　ちよだ銀行	194,000
	法定福利費	97,000		
12月30日	普通預金　ちよだ銀行	1,155,000	売上　ネットショップ販売	1,155,000
				(105,000
12月30日	現金	825,000	売上　店舗販売	825,000
				(75,000

【決算整理仕訳】

	借方科目	借方金額	貸方科目	貸方金額	
a	期首商品棚卸高	5,268,450	繰越商品	5,268,450	
	繰越商品	7,879,200	期末商品棚卸高	7,879,200	❶
b	貸倒引当金繰入	31,009	貸倒引当金	31,009	❷
c	減価償却費	216,000	建物減価償却累計額	80,000	❸
			備品減価償却累計額	40,000	
			車両運搬具減価償却累計額	96,000	
d	投資有価証券	100,000	その他有価証券評価差額金	100,000	❹
e	前払保険料	105,000	保険料	105,000	❺
f	支払利息	88,000	未払利息	88,000	
g	仮受消費税	5,167,300	仮払消費税	4,215,000	❻
			未払消費税	952,300	
H	法人税，住民税及び事業税	3,000,000	仮払法人税等	1,200,000	❼
			未払法人税等	1,800,000	

【解説】
❶棚卸表を完成させると次のとおりです。在庫高の合計額￥7,879,200が期末商品棚卸高となります。

棚卸表			令和6年12月31日
商品	仕入単価	在庫数量	在庫高
A	20	5,000	100,000
D	100	19,900	1,990,000
E	200	6,800	1,360,000
G	50	2,800	140,000
H	100	15,132	1,513,200
I	500	2,232	1,116,000
K	2,500	364	910,000
L	10,000	75	750,000
		合計	7,879,200

❷売掛金の決算整理前残高　¥4,948,900

　貸倒引当金繰入額　（¥4,948,900 × 0.01）− ¥18,480 ＝ ¥31,009

❸建物の減価償却費　$¥4,800,000 ÷ 50 年 × \dfrac{10\,か月}{12\,か月} = ¥80,000$

　備品の減価償却費　¥200,000 ÷ 5 年 ＝ ¥40,000

　車両運搬具の減価償却費　¥480,000 ÷ 5 年 ＝ ¥96,000

❹その他有価証券評価高　@¥1,200（時価）× 500 株 ＝ ¥600,000

　その他有価証券評価差額金　¥600,000 − ¥500,000（帳簿価額）＝ ¥100,000　（→ p.112 参照）

❺保険料前払高　$¥420,000 × \dfrac{3\,か月（令和7年1月〜令和7年3月）}{12\,か月（令和6年4月〜令和7年3月）} = ¥105,000$

❻仮払消費税の決算整理前残高　¥4,215,000

　仮受消費税の決算整理前残高　¥5,167,300

　未払消費税計上額　¥5,167,300 − ¥4,215,000 ＝ ¥952,300

❼仮払法人税等の決算整理前残高　¥1,200,000

　未払法人税等の計上額　¥3,000,000 − ¥1,200,000 ＝ ¥1,800,000

（決算整理前残高の確認）

メインメニュー［会計帳票］＞［3. 合計残高試算表］＞［1. 合計残高試算表］

　12月の日常仕訳を入力後，合計残高試算表の集計期間の終了を「令和6年12月」に指定して出力します。残高欄の金額が決算整理前の残高です。

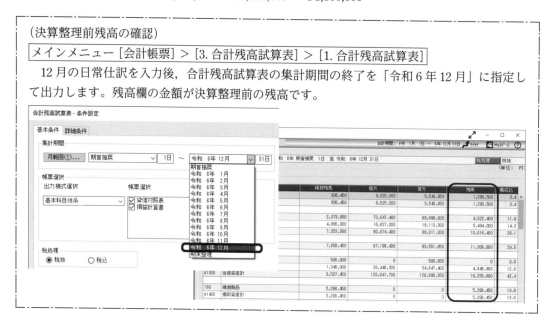

メインメニュー［会計帳票］＞［3.合計残高試算表］＞［1.合計残高試算表］

合 計 残 高 試 算 表

自 令和 6年 12月 1日 至 令和 6年 期末整理 31日

ＡＢＣ商事株式会社

【税抜】
（単位：円）

コード	科目名	繰越残高	借方	貸方	残高
100	現金	529,500	825,000	64,000	1,290,500
	現金計	529,500	825,000	64,000	1,290,500
110	当座預金	4,680,600	4,848,800	5,007,000	4,522,400
111	普通預金	4,377,500	1,155,000	38,500	5,494,000
	預金計	9,058,100	6,003,800	5,045,500	10,016,400
	現金及び預金計	9,587,600	6,828,800	5,109,500	11,306,900
135	売掛金	4,848,800	4,948,900	4,848,800	4,948,900
	当座資産計	14,436,400	11,777,700	9,958,300	16,255,800
160	繰越商品	5,268,450	7,879,200	5,268,450	7,879,200
	棚卸資産計	5,268,450	7,879,200	5,268,450	7,879,200
172	前払保険料	0	105,000	0	105,000
182	仮払消費税	4,056,500	158,500	4,215,000	0
188	仮払法人税等	1,200,000	0	1,200,000	0
191	貸倒引当金	-18,480	0	31,009	-49,489
	その他の流動資産	5,238,020	263,500	5,446,009	55,511
	流動資産計	24,942,870	19,920,400	20,672,759	24,190,511
200	建物	4,800,000	0	0	4,800,000
231	建物減価償却累計額	0	0	80,000	-80,000
204	車両運搬具	480,000	0	0	480,000
232	車両運搬具減価償却累計額	-8,000	0	96,000	-104,000
205	備品	200,000	0	0	200,000
233	備品減価償却累計額	-80,000	0	40,000	-120,000
220	土地	5,000,000	0	0	5,000,000
	有形固定資産計	10,392,000	0	216,000	10,176,000
	無形固定資産計	0	0	0	0
250	投資有価証券	500,000	100,000	0	600,000
280	差入保証金	500,000	0	0	500,000
	投資その他の資産計	1,000,000	100,000	0	1,100,000
	固定資産計	11,392,000	100,000	216,000	11,276,000
	繰延資産計	0	0	0	0
	資産合計	36,334,870	20,020,400	20,888,759	35,466,511
300	支払手形	0	0	500,000	500,000
305	買掛金	4,539,000	4,400,000	1,639,000	1,778,000
310	短期借入金	4,400,000	0	0	4,400,000
318	未払利息	0	0	88,000	88,000
320	未払法人税等	0	0	1,800,000	1,800,000
330	仮受消費税	4,537,400	5,167,300	629,900	0
331	未払消費税	0	0	952,300	952,300
346	所得税預り金	64,000	64,000	29,000	29,000
347	社会保険料預り金	97,000	97,000	44,000	44,000
	流動負債計	13,637,400	9,728,300	5,682,200	9,591,300
370	長期借入金	7,000,000	0	0	7,000,000
	固定負債計	7,000,000	0	0	7,000,000
	負債合計	20,637,400	9,728,300	5,682,200	16,591,300
	資本金	4,000,000	0	0	4,000,000

合 計 残 高 試 算 表

自 令和 6年 12月 1日 至 令和 6年 期末整理 31日

ＡＢＣ商事株式会社

【税抜】
(単位：円)

コード	科目名	繰越残高	借方	貸方	残高
	新株式申込証拠金	0	0	0	0
	資本準備金	2,000,000	0	0	2,000,000
	その他資本剰余金	0	0	0	0
	資本剰余金	2,000,000	0	0	2,000,000
	利益準備金	15,000	0	0	15,000
	繰越利益剰余金	9,682,470	0	3,077,741	12,760,211
	その他利益剰余金計	9,682,470	0	3,077,741	12,760,211
	利益剰余金	9,697,470	0	3,077,741	12,775,211
	自己株式	0	0	0	0
	自己株式申込証拠金	0	0	0	0
	株主資本計	15,697,470	0	3,077,741	18,775,211
	その他有価証券評価差額金	0	0	100,000	100,000
	繰延ヘッジ損益	0	0	0	0
	土地再評価差額金	0	0	0	0
	評価・換算差額等	0	0	100,000	100,000
	新株予約権	0	0	0	0
	純資産合計	15,697,470	0	3,177,741	18,875,211
	負債純資産合計	36,334,870	9,728,300	8,859,941	35,466,511

（有価証券について）

有価証券は，次のように目的別に分類されます。

分　類	保有目的	評価方法
売買目的有価証券	・時価の変動により利益を得る	時価
満期保有目的の債券	・満期まで保有する	取得原価 または償却原価
子会社株式および関連会社株式	・他の企業を支配する ・他の企業への影響力を確保する	取得原価
その他有価証券	・上記以外の目的で保有する	時価※

※その他有価証券の時価評価によって生じる評価差額（その他有価証券評価差額金）は，
　純資産の部（評価・換算差額等）に直接計上されます。

合 計 残 高 試 算 表

自 令和 6年 12月 1日 至 令和 6年 期末整理 31日

ＡＢＣ商事株式会社

【税抜】
(単位：円)

コード	科目名	繰越残高	借方	貸方	残高
500	売上	45,374,000	0	6,299,000	51,673,000
	純売上高	45,374,000	0	6,299,000	51,673,000
600	期首商品棚卸高	0	5,268,450	0	5,268,450
604	仕入	32,400,000	1,490,000	0	33,890,000
614	期末商品棚卸高	0	0	7,879,200	7,879,200
	売上原価	32,400,000	6,758,450	7,879,200	31,279,250
	売上総利益	12,974,000	0	7,419,750	20,393,750
702	広告宣伝費	1,700,000	0	0	1,700,000
710	貸倒引当金繰入	0	31,009	0	31,009
721	給料	3,960,000	500,000	0	4,460,000
722	賞与	1,100,000	0	0	1,100,000
730	法定福利費	339,000	97,000	0	436,000
740	旅費交通費	180,000	0	0	180,000
741	通信費	220,000	20,000	0	240,000
742	消耗品費	190,000	0	0	190,000
744	水道光熱費	155,000	15,000	0	170,000
745	保険料	510,000	0	105,000	405,000
751	支払家賃	260,000	60,000	0	320,000
753	支払手数料	660,000	0	0	660,000
757	租税公課	5,000	0	0	5,000
760	減価償却費	0	216,000	0	216,000
	販売費及び一般管理費計	9,279,000	939,009	105,000	10,113,009
	営業利益	3,695,000	0	6,585,741	10,280,741
	営業外収益	0	0	0	0
830	支払利息	63,000	508,000	0	571,000
	営業外費用	63,000	508,000	0	571,000
	経常利益	3,632,000	0	6,077,741	9,709,741
	特別利益	0	0	0	0
	特別損失	0	0	0	0
	税引前当期純利益	3,632,000	0	6,077,741	9,709,741
930	法人税，住民税及び事業税	0	3,000,000	0	3,000,000
	法人税等	0	3,000,000	0	3,000,000
	当期純利益	3,632,000	0	3,077,741	6,709,741

1　株主資本等変動計算書の作成

　株主資本等変動計算書は，資本金や剰余金などの金額が，どのような原因（事由）で変動したかを示す財務諸表です。

　資本金や剰余金（株主資本等の各項目）の変動の事由の例として，次のようなものがあります。

- ・当期純利益または当期純損失の計上
- ・新株の発行
- ・剰余金の配当
- ・資本金・準備金・剰余金の間の振り替えなど

　ABC 商事株式会社では，第 3 期（令和 6 年）には次の資本取引が行われています。

【1 月 31 日】ABC 商事株式会社は，新たに株式を発行し，その全額 ¥4,000,000 の引き受け・払い込みを受け，払込金は当座預金とした。ただし，払込金額のうち，¥2,000,000 は資本準備金として計上した。

【仕訳】

日付	借方科目	借方金額	貸方科目	貸方金額
令和 6 年 1 月 31 日	当座預金	4,000,000	資本金	2,000,000
			資本準備金	2,000,000

【3 月 15 日】ABC 商事株式会社の株主総会において，繰越利益剰余金について次のとおり剰余金の処分が決定された。

　　　　　配当　　　　¥150,000　（剰余金の配当）
　　　　　利益準備金　¥ 15,000　（剰余金の配当に伴う積み立て）

【仕訳】

日付	借方科目	借方金額	貸方科目	貸方金額
令和 6 年 3 月 15 日	繰越利益剰余金	165,000	利益準備金	15,000
			未払配当金	150,000

【株主資本等変動計算書の作成手順】

　メインメニュー［決算処理］＞［1. 決算報告書］＞［4. 株主資本等変動計算書登録］＞［1. 当期変動額登録］の順にクリックします。次に，条件設定画面で，［画面］ボタンをクリックします。

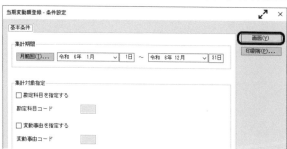

当期変動額登録画面で，当期中に変動があった日付，純資産の項目とその金額のリストが表示されますので，画面右の変動事由名に入力します。（データではすでに入力済みです。）

コード欄でスペースキーを押すと，変動事由名の候補が表示されるので，そこから選択します。

最後に［登録］＞［OK］をクリックして，画面を閉じて終了です。

2 決算報告書の出力

メインメニュー［決算処理］＞［1. 決算報告書］＞［1. 決算報告書］

印刷等条件設定画面の基本条件では，次のように指定します。（なお，集計形式で「二期間」に
チェックを入れると，前期のデータも表示されます。）

また，印刷帳票タブを選択（クリック）して，印刷帳票の形式を指定できます。貸借対照表，損
益計算書では勘定式・報告式のいずれかを選択できます。株主資本等変動計算書については，「印
刷しない」のチェックをはずし，ここでは「横様式（二段表示）」を指定します。

貸 借 対 照 表

令和 6年 12月 31日　　　（当期会計期間末）

ＡＢＣ商事株式会社

（単位：円）

資産の部		負債の部	
科　　目	金　　額	科　　目	金　　額
【流動資産】		【流動負債】	
現金	1,290,500	支払手形	500,000
当座預金	4,522,400	買掛金	1,778,000
普通預金	5,494,000	短期借入金	4,400,000
売掛金	4,948,900	未払費用	88,000
商品	7,879,200	未払法人税等	1,800,000
前払費用	105,000	未払消費税	952,300
貸倒引当金	△49,489	所得税預り金	29,000
流動資産合計	24,190,511	社会保険料預り金	44,000
【固定資産】		流動負債合計	9,591,300
（有形固定資産）		【固定負債】	
建物	4,800,000	長期借入金	7,000,000
建物減価償却累計額	△80,000	固定負債合計	7,000,000
車両運搬具	480,000	負債合計	16,591,300
車両運搬具減価償却累計額	△104,000		
備品	200,000		
備品減価償却累計額	△120,000	純資産の部	
土地	5,000,000	科　　目	金　　額
有形固定資産合計	10,176,000	【株主資本】	
（投資その他の資産）		資本金	4,000,000
投資有価証券	600,000	【資本剰余金】	
差入保証金	500,000	資本準備金	2,000,000
投資その他の資産合計	1,100,000	資本剰余金合計	2,000,000
固定資産合計	11,276,000	【利益剰余金】	
		利益準備金	15,000
		（その他利益剰余金）	（　12,760,211　）
		繰越利益剰余金	12,760,211
		利益剰余金合計	12,775,211
		株主資本合計	18,775,211
		【評価・換算差額等】	【　100,000】
		【その他有価証券評価差額金】	【　100,000】
		その他有価証券評価差額金	100,000
		純資産合計	18,875,211
資産合計	35,466,511	負債純資産合計	35,466,511

損 益 計 算 書

自 令和 6年 1月 1日 至 令和 6年 12月 31日　　　（当期累計期間）

ＡＢＣ商事株式会社

（単位：円）

科　　目	金　　額	
【売上高】		
売上高	51,673,000	
売上高合計		51,673,000
【売上原価】		
期首商品棚卸高	5,268,450	
当期商品仕入高	33,890,000	
期末商品棚卸高	7,879,200	31,279,250
売上総利益		20,393,750
【販売費及び一般管理費】		10,113,009
営業利益		10,280,741
営業外収益合計		0
【営業外費用】		
支払利息	571,000	
営業外費用合計		571,000
経常利益		9,709,741
特別利益合計		0
特別損失合計		0
税引前当期純利益		9,709,741
法人税，住民税及び事業税	3,000,000	
法人税等合計		3,000,000
当期純利益		6,709,741

販売費及び一般管理費明細書

自 令和 6年 1月 1日 至 令和 6年 12月 31日　　（当期累計期間）

ＡＢＣ商事株式会社

（単位：円）

科　　目	金　額	
広告宣伝費	1,700,000	
貸倒引当金繰入	31,009	
給料	4,460,000	
賞与	1,100,000	
法定福利費	436,000	
旅費交通費	180,000	
通信費	240,000	
消耗品費	190,000	
水道光熱費	170,000	
保険料	405,000	
支払家賃	320,000	
支払手数料	660,000	
租税公課	5,000	
減価償却費	216,000	
販売費及び一般管理費合計		10,113,009

株主資本等変動計算書

自 令和 6年 1月 1日 至 令和 6年 12月 31日　　（当期累計期間）

ＡＢＣ商事株式会社

（単位：円）

	株主資本				
	資本金	資本剰余金		利益剰余金	
		資本準備金	資本剰余金合計	利益準備金	その他利益剰余金 繰越利益剰余金
当期首残高	2,000,000	0	0	0	6,215,470
当期変動額					
新株の発行	2,000,000	2,000,000	2,000,000		
剰余金の配当					△150,000
剰余金の配当に伴う積立て				15,000	△15,000
当期純利益					6,709,741
株主資本以外の項目の当期変動額（純額）					
当期変動額合計	2,000,000	2,000,000	2,000,000	15,000	6,544,741
当期末残高	4,000,000	2,000,000	2,000,000	15,000	12,760,211

	株主資本		評価・換算差額等		純資産合計
	利益剰余金	株主資本合計	その他有価証券評価差額金	評価・換算差額等合計	
	利益剰余金合計				
当期首残高	6,215,470	8,215,470	0	0	8,215,470
当期変動額					
新株の発行		4,000,000			4,000,000
剰余金の配当	△150,000	△150,000			△150,000
剰余金の配当に伴う積立て					
当期純利益	6,709,741	6,709,741			6,709,741
株主資本以外の項目の当期変動額（純額）			100,000	100,000	100,000
当期変動額合計	6,559,741	10,559,741	100,000	100,000	10,659,741
当期末残高	12,775,211	18,775,211	100,000	100,000	18,875,211

分析編（その2）

第9章　会計ソフトウェアを活用した分析（その2／第3期決算）

ここでは，勘定奉行の機能をさらに活用して，いろいろな分析をしてみましょう。

【会計データ（データ領域）の選択】
ここでは演習問題解答のデータ領域を選択します。
① メインメニュー［データ領域管理］＞［1. データ領域選択］をクリックします。
② 次の会社データを選択して［Enter］キーを押すか，ダブルクリックします。
　　　（会社コード）　　　9000000005
　　　（会計期首）　　　　令和6年1月1日
　　　（決算期）　　　　　1～3
　　　（会社名）　　　　　第8～9章_演習問題_解答_ABC商事株式会社
③ 決算期「3」を選択して［Enter］キーを押すか，ダブルクリックします。

1　補助科目別推移表

推移表は補助科目別でも出力できます。

ここでは，売上について，補助科目別推移表を出力してみましょう。

① メインメニュー［分析帳票］＞［1. 推移表］＞［3. 補助科目別推移表］をクリックします。
② 条件設定画面の基本条件で，集計単位「月次」，集計期間「令和6年1月1日～令和6年12月31日」，集計対象指定「500 売上」，集計方法「発生」を指定します。また，詳細条件（タブ）の整理仕訳の集計条件で「日常仕訳にまとめて集計する」にチェックを入れて，［画面］をクリックします。

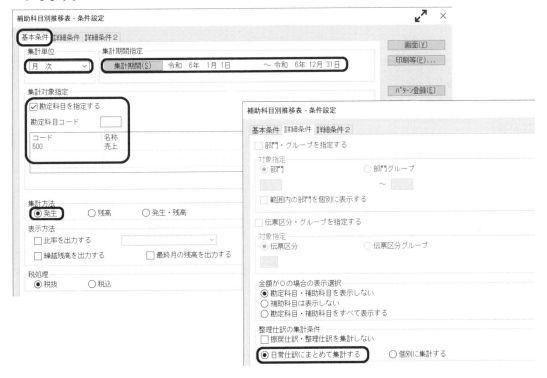

③ 売上の補助科目推移表が確認できます。ここで［F7 グラフ］をクリックします。

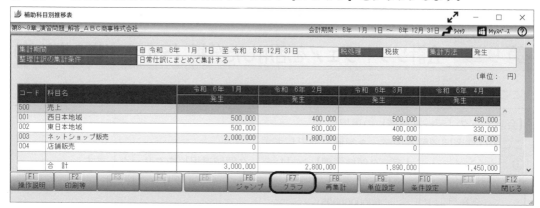

④ グラフ条件設定画面で，左の選択項目から「001 西日本地域」「002 東日本地域」「003 ネットショップ販売」「004 店舗販売」を選択して［選択］をクリックすると，右の選択済項目の中に選択した項目が移動して表示されます。また，ここではグラフ設定で種類を「折れ線グラフ」に指定します。つづけて［画面］をクリックします。

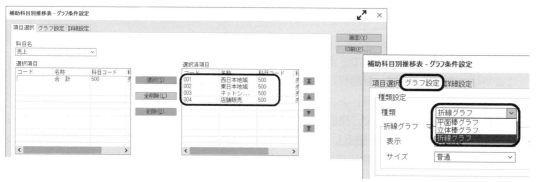

⑤ 売上種類別のグラフが表示されます。

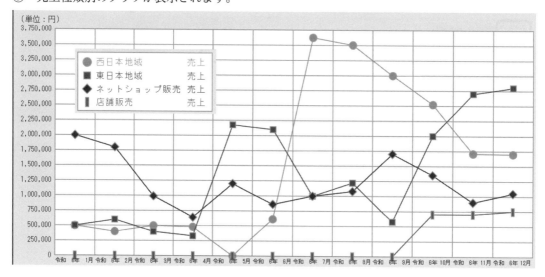

2 構成グラフ

　構成グラフは，貸借対照表・損益計算書などの帳票ごとに，各項目（科目区分）の構成比や金額の推移をグラフにして表示することができます。各項目が全体に占める割合や，推移の概要を視覚的にとらえることができます。

　ここでは，貸借対照表について，構成グラフを出力してみましょう。

【月次の推移】

① 　メインメニュー［分析帳票］＞［4. 構成グラフ］＞［1. 構成グラフ］をクリックします。

② 　条件設定画面で，集計単位「月次」，集計期間「令和 6 年 1 月 1 日～令和 6 年 12 月 31 日」，集計方法「累計」，グラフの縦軸「金額」，税処理「税抜」を指定して，［画面］をクリックします。

③ 　構成グラフ（月別の推移）が表示されます。

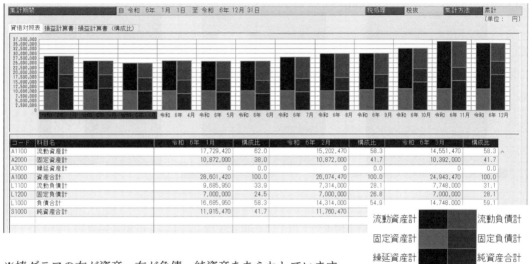

※棒グラフの左が資産，右が負債・純資産をあらわしています。

【年次の推移】

　なお，条件設定画面で，集計単位「年次」，集計期間「令和 4 年 12 月期～令和 6 年 12 月期」と指定して出力すると次のように決算期ごとの推移が分かります。

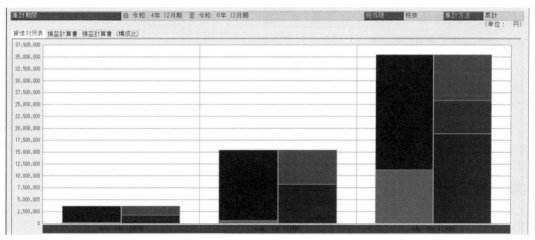

　このように，貸借対照表項目を構成グラフでみると，3 年間で会社の資産規模がどれくらい大きくなっているかが直感的にわかります。

3 経営分析（財務諸表分析）

勘定奉行の経営分析の機能を活用すれば，会社の経営状況を分析することができます。

【問題】

問1　次のグラフは，貸借対照表の構成グラフ（比率）について，令和4年度から令和6年度までの3年間の推移を示している。次の（ア）～（オ）のなかに入る適当な金額と比率を記入しなさい。また，{　}のなかから，いずれか適当な語を選び，その番号を記入しなさい。なお，計算上の端数が生じた場合，小数第2位を四捨五入し，小数第1位まで解答すること。

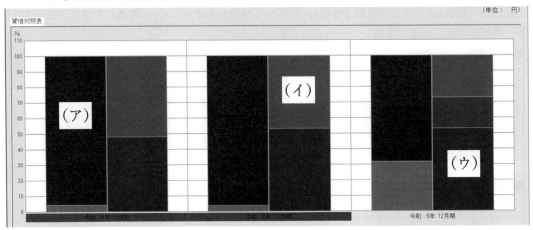

（単位：円）

	令和4年度	令和5年度	令和6年度
流動資産	（ア）	14,847,420	24,190,511
流動負債	1,903,000	（イ）	9,591,300
総資本（総資産）	3,668,000	15,439,420	35,466,511
自己資本（純資産）	1,765,000	8,215,470	（ウ）

　流動比率をみると，令和4年度で184.3％，令和5年度で205.5％，令和6年度で　（エ）　％となっている。流動比率は，企業の　A{1.短期　2.長期}　的な支払能力を判断するために用いられ，ふつう200％以上であることが望ましいとされている。

　また，自己資本比率をみると，令和4年度で48.1％，令和5年度で53.2％，令和6年度で　（オ）　％となっている。自己資本は返済する必要が　B{1.ある　2.ない}　ため，この比率が高ければ資金繰りも安定し，倒産の危険性も低くなる。ふつう50％以上が望ましいとされている。

　このように，流動比率と自己資本比率では，企業経営の　C{1.収益性　2.効率性　3.安全性}　を知ることができる。

【解答欄】

（ア）	（イ）	（ウ）	（エ）	（オ）	A	B	C

問2　次のグラフは，総資産（総資本），売上高，当期純利益について，令和4年度から令和6年度までの3年間の推移を示している。次の（ア）〜（オ）のなかに入る適当な金額と比率を記入しなさい。また，{　　}のなかから，いずれか適当な語を選び，その番号を記入しなさい。なお，計算上の端数が生じた場合，小数第2位を四捨五入し，小数第1位まで解答すること。

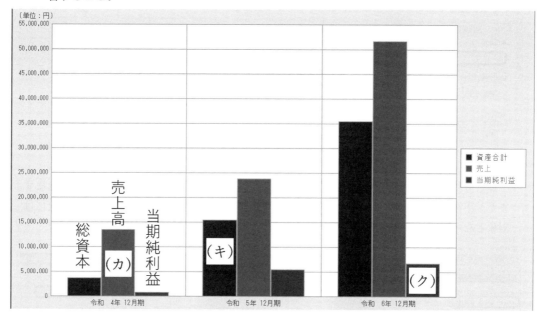

(単位：円)

	令和4年度	令和5年度	令和6年度
総資本（資産合計）	3,668,000	（キ）	35,466,511
売上高	（カ）	23,800,000	51,673,000
当期純利益	765,000	5,450,470	（ク）

　総資本回転率をみると，令和4年度で3.7回，令和5年度で1.5回，令和6年度で　（ケ）　回となっている。これは，投下された総資本が，一会計期間に何回利用されたかを表わしており，企業経営の　D　{1. 収益性　2. 効率性　3. 安全性} を知ることができる。

　また，売上高純利益率をみると，令和4年度で5.7％，令和5年度で22.9％，令和6年度で　（コ）　％となっている。売上高に対する利益の割合を示すもので，売上高に対してどれだけの利益をあげたかを表わす指標であり，企業経営の　E　{1. 収益性　2. 効率性　3. 安全性} を知ることができる。

　なお，総資本利益率（総資産利益率，ROA）は，企業が資産に対して，どれだけの利益を生んでいるかを示す指標であり，計算式は次のとおりである。

$$総資本利益率＝\frac{当期純利益}{総資本}＝\frac{当期純利益}{売上高}×\frac{売上高}{総資本}$$

　この計算式より，令和6年度の総資本利益率は　（サ）　％となる。

【解答欄】

（カ）	（キ）	（ク）	（ケ）	（コ）	（サ）	D	E

（経営分析の出力方法）

① メインメニュー［分析帳票］＞［3. 経営分析］＞［1. 経営分析］をクリックします。

② 条件設定画面で，集計単位「年次」，集計期間指定「令和 4 年 12 月期〜令和 6 年 12 月期」，税処理「税抜」を指定して［画面］をクリックします。

③ 経営分析の画面では，左上のタブで「収益性」「安全性」「生産性」に切り替えができます。また，下のボタン［F4 前年度］［F5 次年度］で年度切り替えができます。なお，右上には対象となっている年度が表示されます。

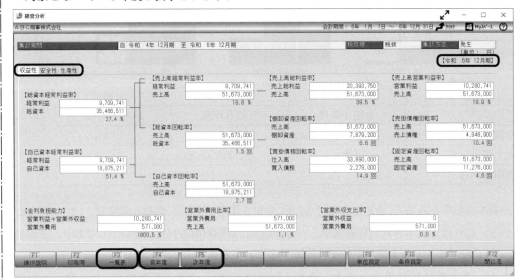

④ また，経営分析の画面で，下の［F3 一覧表］を押すと，表形式でも出力できます。

項目名		令和 4年 12月期	令和 5年 12月期	令和 6年 12月期
【利益率】				
総資本経常利益率	（%）	29.9	50.8	27.4
総資本営業利益率	（%）	29.7	51.1	29.0
売上高経常利益率	（%）	8.1	33.0	18.8
売上高事業利益率	（%）	8.1	33.2	19.9
売上高総利益率	（%）	28.6	54.0	39.5
売上高営業利益率	（%）	8.1	33.2	19.9
売上高純利益率	（%）	5.7	22.9	13.0
自己資本経常利益率	（%）	62.0	95.6	51.4
自己資本純利益率	（%）	43.3	66.3	35.5
【回転率】				
総資本回転率	（回）	3.7	1.5	1.5
棚卸資産回転率	（回）	17.5	4.5	6.6
売掛債権回転率	（回）	19.2	12.9	10.4
買掛債務回転率	（回）	7.9	20.0	14.9
自己資本回転率	（回）	7.6	2.9	2.7

【解答】

問1

	(ア)	(イ)	(ウ)	(エ)	(オ)	A	B	C
	3,508,000	7,223,950	18,875,211	252.2	53.2	1	2	3

問2

	(カ)	(キ)	(ク)	(ケ)	(コ)	(サ)	D	E
	13,460,000	15,439,420	6,709,741	1.5	13.0	18.9	2	1

【解説】

問1

　経営分析を出力して，数値を確認します。まず，メインメニュー［分析帳票］＞［3. 経営分析］＞［1. 経営分析］の順にクリックします。条件設定画面で，集計単位「年次」，集計期間指定「令和4年12月期～令和6年12月期」，税処理「税抜」を指定して［画面］をクリックすると，「展開表」が表示されます。さらに［F3 一覧表］をクリックして，数値を確認します。（表の上の見出し（タブ）で，「収益性」「安全性」「生産性」「集計項目」を切り替えて，数値を確認します。）

	令和4年度	令和5年度	令和6年度
流動資産	3,508,000	14,847,420	24,190,511
流動負債	1,903,000	7,223,950	9,591,300
総資本（総資産）	3,668,000	15,439,420	35,466,511
自己資本（純資産）	1,765,000	8,215,470	18,875,211
流動比率	184.3 %	205.5 %	252.2 %
自己資本比率	48.1 %	53.2 %	53.2 %

（参考）

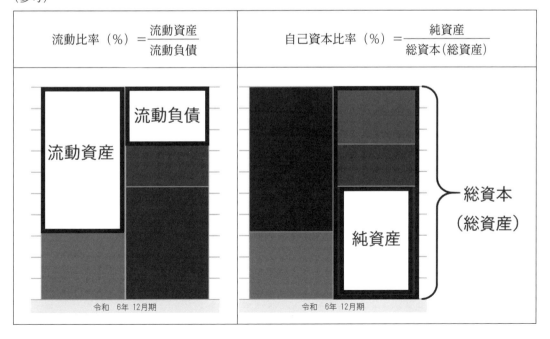

$$流動比率（\%）＝\frac{流動資産}{流動負債}$$

$$自己資本比率（\%）＝\frac{純資産}{総資本（総資産）}$$

問2

経営分析（展開表，一覧表）を出力して，数値を確認します。（問1と同じです。）

	令和4年度	令和5年度	令和6年度
総資本（資産合計）	3,668,000	15,439,420	35,466,511
売上高	13,460,000	23,800,000	51,673,000
当期純利益	765,000	5,450,470	6,709,741
総資本回転率	3.7回	1.5回	1.5回
売上高純利益率	5.7%	22.9%	13.0%

令和6年度の総資本利益率は，次のように計算します。

$$総資本利益率 = \frac{当期純利益\ 6,709,741}{総資本\ 35,466,511} = \underbrace{\frac{当期純利益\ 6,709,741}{売上高\ 51,673,000}}_{（\ 売上高純利益率\ ）} \times \underbrace{\frac{売上高\ 51,673,000}{総資本\ 35,466,511}}_{（\ 総資本回転率\ ）}$$

$$= 18.9\%$$

（参考）

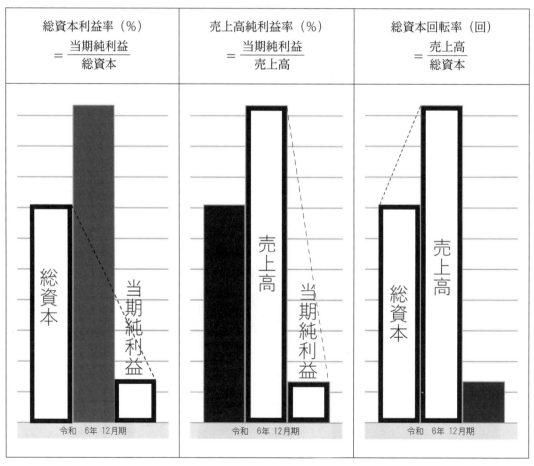

126

　キャッシュ・フロー計算書は，一会計期間に企業への資金の流入（キャッシュ・イン）と，企業からの資金の流出（キャッシュ・アウト）を捉え，企業のキャッシュの流れを計算して表示する財務諸表です。

　勘定奉行では，入力された仕訳データをもとに，キャッシュ・フロー計算書が自動で作成されます。（ただし，設定や取引内容によって，キャッシュ・フロー精算表による調整が必要です。）

【問題】

問1　次の資料により，各問いに答えなさい。なお，キャッシュ・フロー計算書の表示方法は間接法による。

キャッシュ・フロー計算書

	令和5年度	令和6年度
Ⅰ　営業活動によるキャッシュ・フロー		
税引前当期純利益	7,850,470	9,709,741
減価償却費	48,000	216,000
貸倒引当金の増減額	11,480	31,009
支払利息	45,000	571,000
売上債権の増減額	△1,148,000	△3,100,900
たな卸資産の増減額	△4,498,450	（　ア　）
その他流動資産の増減額	△90,000	△15,000
仕入債務の増減額	△538,000	1,506,000
その他流動負債の増減額	308,950	453,350
小　　　計	1,989,450	6,760,450
利息の支払額	－	△528,000
法人税等の支払額	△495,000	（　イ　）
営業活動によるキャッシュ・フロー	1,494,450	（　ウ　）
Ⅱ　投資活動によるキャッシュ・フロー		
有形固定資産の取得による支出	△480,000	△9,800,000
投資有価証券の取得による支出	－	△500,000
敷金・保証金の差入による支出	－	△500,000
投資活動によるキャッシュ・フロー	△480,000	（　エ　）
Ⅲ　財務活動によるキャッシュ・フロー		
短期借入金の増減額	3,600,000	800,000
長期借入れによる収入	－	7,000,000
株式の発行による収入	1,000,000	4,000,000
配当金の支払額	－	（　オ　）
財務活動によるキャッシュ・フロー	4,600,000	（　カ　）
Ⅳ　現金及び現金同等物に係る換算差額	－	－
Ⅴ　現金及び現金同等物の増減額	5,614,450	3,647,450
Ⅵ　現金及び現金同等物の期首残高	2,045,000	7,659,450
Ⅶ　現金及び現金同等物の期末残高	7,659,450	（　キ　）

(1) 令和6年度のキャッシュ・フロー計算書を出力して，（ア）〜（キ）のなかに入る適当な金額を記入しなさい。なお，マイナスの場合は金額のまえに「△」を付けること。

(2) 次の文章で，{ }のなかから，いずれか適当な語を選び，その番号を記入しなさい。

　　営業キャッシュ・フローは，令和5年度に比べて令和6年度では　ケ { 1. 増加 ・ 2. 減少 } している。

　　また令和6年度では，長期借入れを行ったり，株式を発行して資金を調達したため，　コ { 1. 財務 ・ 2. 投資 } 活動によるキャッシュ・フローにおいて，収入額が増加している。

　　一方で，土地・建物を購入したことにより，　サ { 1. 財務 ・ 2. 投資 } 活動によるキャッシュ・フローでは支出が多くなっている。

問2　次の文の[　　　]に，下記の語群のなかから最も適当なものを選び，その番号を記入しなさい。また，合計残高試算表を出力して，（　　）に入る金額を記入しなさい。

　　キャッシュ・フロー計算書の表示方法には，直接法と間接法の二通りがある。直接法と間接法で表示方法が異なるのは，[　シ　]活動によるキャッシュ・フローにおいてである。

　　主要な取引ごとに収入総額と支出総額を表示するのが[　ス　]法である。一方，税引前当期純利益に，非資金損益項目や営業活動による資産・負債の増減など，必要な調整項目を加減して表示するのが[　セ　]法である。

　　令和6年度において，直接法の営業キャッシュ・フローのうち，営業収入 48,572,100 円は，売上高（　A　）円に受取手形の減少額（　B　）円を加え，売掛金の増加額（　C　）円を差し引いて求められる。また，商品の仕入れによる支出 32,384,000 円は，当期商品仕入高（　D　）円から支払手形の増加額（　E　）円と買掛金の増加額（　F　）円を差し引いて求められる。さらに，人件費の支出 5,948,000 円は，給料 4,460,000 円と賞与 1,100,000 円と[　ソ　]436,000 円の合計から，所得税預り金の増加額 19,000 円と社会保険料預り金の増加額 29,000 円を差し引いて求められる。

語群
1. 営業　　　　2. 投資　　　　3. 財務　　　4. 直接　　5. 間接
6. 旅費交通費　7. 法定福利費　8. 所得税

キャッシュ・フロー計算書（間接法）
（令和6年度）

I　営業活動によるキャッシュ・フロー

税引前当期純利益	9,709,741
減価償却費	216,000
貸倒引当金の増減額	31,009
支払利息	571,000
売上債権の増減額	△3,100,900
たな卸資産の増減額	△2,610,750
その他流動資産の増減額	△15,000
仕入債務の増減額	1,506,000
その他流動負債の増減額	453,350
小　　　計	6,760,450
利息の支払額	△528,000
法人税等の支払額	△3,435,000
営業活動によるキャッシュ・フロー	2,797,450

（以下略）

キャッシュ・フロー計算書（直接法）
（令和6年度）

I　営業活動によるキャッシュ・フロー

営業収入	48,572,100
商品の仕入れによる支出	△32,384,000
人件費の支出	△5,948,000
その他の営業支出	△3,479,650
小　　　計	6,760,450
利息の支払額	△528,000
法人税等の支払額	△3,435,000
営業活動によるキャッシュ・フロー	2,797,450

（以下略）

【解答欄】

問1

(1)

ア	イ	ウ	エ

オ	カ	キ

(2)

ケ	コ	サ

問2

シ	ス	セ	ソ
A	B	C	D
E	F		

（キャッシュ・フロー計算書の出力方法）

① メインメニュー［決算処理］＞［2. キャッシュ・フロー計算書］＞［1. キャッシュ・フロー
計算書］をクリックします。

② 条件設定画面で，集計期間「令和 6 年 1 月 1 日～令和 6 年 12 月 31 日」を指定して［画面］
をクリックします。

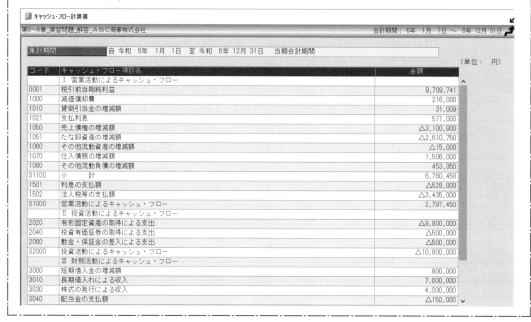

（直接法と間接法）

　キャッシュ・フロー計算書の表示方法には，直接法と間接法があります。直接法は，商品
の販売や仕入れ，給料の支払いなどの主要な取引ごとにキャッシュ・フローを総額表示する
方法です。また，間接法は，税引前当期純利益に，減価償却費などの現金収支をともなわな
い損益項目，営業活動による資産・負債の増減などの必要な調整項目を加減して表示する方
法です。

　勘定奉行では設定により選択できます。

① メインメニュー［導入処理］＞［3. 会計期間設定］＞［2. 会計期間設定］をクリックす
ると，会計期間設定画面が表示されます

② キャッシュ・フロー計算書の表示方法で，「0 間接法」または「1 直接法」を選択します。

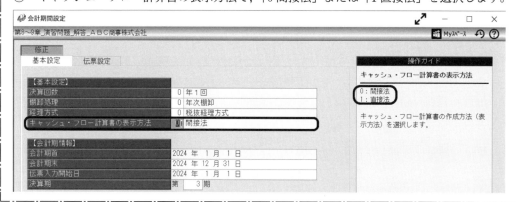

【解答】

問1

(1)

ア	イ	ウ	エ
△ 2,610,750	△ 3,435,000	2,797,450	△ 10,800,000
オ	カ	キ	
△ 150,000	11,650,000	11,306,900	

(2)

ケ	コ	サ
1	1	2

問2

シ	ス	セ	ソ
1	4	5	7 ❶
A	B	C	D
51,673,000	500,000 ❷	3,600,900 ❸	33,890,000
E	F		
300,000 ❹	1,206,000 ❺		

【解説】

問1

① メインメニュー［決算処理］＞［2.キャッシュ・フロー計算書］＞［1.キャッシュ・フロー計算書］をクリックします。

② 条件設定画面で，集計期間「令和6年1月1日～令和6年12月31日」を指定して［画面］をクリックして，キャッシュ・フロー計算書を出力します。

キャッシュ・フロー計算書

	令和5年度	令和6年度
Ⅰ 営業活動によるキャッシュ・フロー		
税引前当期純利益	7,850,470	9,709,741
減価償却費	48,000	216,000
貸倒引当金の増減額	11,480	31,009
支払利息	45,000	571,000
売上債権の増減額	△1,148,000	△3,100,900
たな卸資産の増減額	△4,498,450	(△2,610,750)
その他流動資産の増減額	△90,000	△15,000
仕入債務の増減額	△538,000	1,506,000
その他流動負債の増減額	308,950	453,350
小　　計	1,989,450	6,760,450
利息の支払額	－	△528,000
法人税等の支払額	△495,000	(△3,435,000)
営業活動によるキャッシュ・フロー	1,494,450	(2,797,450)
Ⅱ 投資活動によるキャッシュ・フロー		
有形固定資産の取得による支出	△480,000	△9,800,000
投資有価証券の取得による支出	－	△500,000
敷金・保証金の差入による支出	－	△500,000
投資活動によるキャッシュ・フロー	△480,000	(△10,800,000)
Ⅲ 財務活動によるキャッシュ・フロー		
短期借入金の増減額	3,600,000	800,000
長期借入れによる収入	－	7,000,000
株式の発行による収入	1,000,000	4,000,000
配当金の支払額	－	(△150,000)
財務活動によるキャッシュ・フロー	4,600,000	(11,650,000)
Ⅳ 現金及び現金同等物に係る換算差額	－	－
Ⅴ 現金及び現金同等物の増減額	5,614,450	3,647,450
Ⅵ 現金及び現金同等物の期首残高	2,045,000	7,659,450
Ⅶ 現金及び現金同等物の期末残高	7,659,450	(11,306,900)

問2

令和6年度の合計残高試算表（集計期間の月範囲「期首振戻」〜「期末整理」）を出力して，金額を確認しましょう。

❶法定福利費は，従業員の社会保険料のうち，事業主が負担する分であり，人件費となります。

❷受取手形は，期首残高500,000円から期末残高0円に減少しています。

❸売掛金は，期首残高1,348,000円から期末残高4,948,900円に増加しています。

❹支払手形は，期首残高200,000円から期末残高500,000円に増加しています。

❺買掛金は，期首残高572,000円から期末残高1,778,000円に増加しています。

【会計データ（データ領域）の選択】

ここでは第9章のデータ領域を選択します。

① メインメニュー［データ領域管理］＞［1.データ領域選択］をクリックします。

② 次の会社データを選択して［Enter］キーを押すか，ダブルクリックします。

　　　（会社コード）　　　9000000006

　　　（会計期首）　　　　令和6年1月1日

　　　（決算期）　　　　　3

　　　（会社名）　　　　　第9章_販売のつど売上原価勘定に振り替える方法

　商品売買の記帳では，小売業など幅広い業種において，実務では「3分法」が多くの企業で採用されています。3分法では，商品を仕入れたときは仕入勘定（費用の勘定）に記入し，販売したときに売上勘定（収益の勘定）に記入します。販売時には払い出した商品の原価を把握しないため，売上原価の計算は年1回の決算時のみ行います。

　一方，販売時に売上原価を把握できる場合，「販売のつど売上原価勘定に振り替える方法（売上原価対立法）」を用いれば，商品売買の損益を即時に把握できるので，月次決算による経営管理を行う場合などに役立ちます。この方法では，商品を仕入れたときは商品勘定（資産の勘定）に記入し，販売時には商品勘定から売上原価を売上原価勘定（費用の勘定）に振り替えます。

【例】

　（取引）

　1. 商品 ¥40,000 を仕入れ，代金は掛けとした。

　2. 上記商品のうち半分を ¥30,000 で売り渡し，代金は掛けとした。

　3. 本日，決算日となった。

（仕訳－3分法）

	借方科目	借方金額	貸方科目	貸方金額
1	仕入	40,000	買掛金	40,000
2	売掛金	30,000	売上	.30,000
3	繰越商品	20,000	仕入	20,000

（仕訳－販売のつど売上原価勘定に振り替える方法）

	借方科目	借方金額	貸方科目	貸方金額
1	商品	40,000	買掛金	40,000
2	売掛金 売上原価	30,000 20,000	売上 商品	30,000 20,000
3	仕訳なし			

【課題】

　次の資料（令和6年度の月別推移グラフ）は，商品売買の記帳に関して3分法を用いた場合と，販売のつど売上原価勘定に振り替える方法を用いた場合を比較したものである。この資料から分かることを考えてみよう。

3分法
売上（左）と仕入（右）の発生額

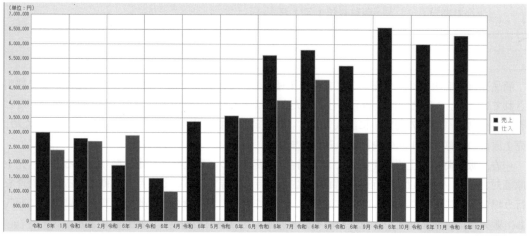

売上と仕入の発生額の差額（売上−仕入）

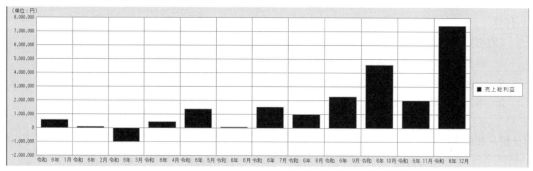

繰越商品勘定残高

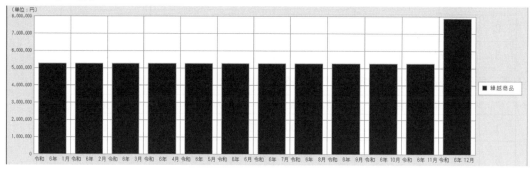

※データ領域「（9000000005）第8〜9章_演習問題_解答_ABC商事株式会社」，科目別推移表より

売上（左）と売上原価（右）の発生額

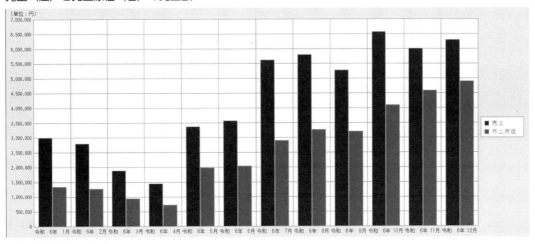

売上総利益（発生額）

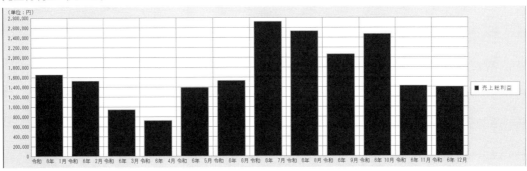

商品勘定残高

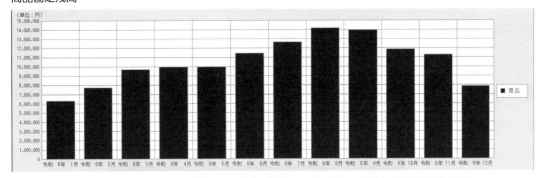

※データ領域「(9000000006) 第9章＿販売のつど売上原価勘定に振り替える方法」，科目別推移表より

【解説】

　3分法では，売上原価の計算を期末にしか行わないため，期中（月次）では正しい利益（売上総利益）を把握できない。また，繰越商品勘定の残高は期末の決算整理を行うまでは期首残高のままとなっている。

　一方，販売のつど売上原価勘定に振り替える方法では，利益（売上総利益）と棚卸資産（商品）の金額を期中で常に把握しているため，月次の経営管理や迅速な経営判断に役立てることができる。

会計ソフトの活用
実習テキスト
（OBC 勘定奉行）

表紙デザイン
エッジ・デザインオフィス

●編　者──実教出版編修部
●発行者──小田　良次
●印刷所──株式会社太洋社

●発行所──実教出版株式会社

〒102-8377
東京都千代田区五番町5
電話〈営業〉(03) 3238-7777
　　〈編修〉(03) 3238-7332
　　〈総務〉(03) 3238-7700
https://www.jikkyo.co.jp/

002403022

ISBN　978-4-407-35506-2